Vous

Les Misérables

Victor Hugo

Adaptation par Camille Page

Dossier par Virginie Manouguian
Agrégée de Lettres modernes

Belin
ÉDUCATION

Sommaire

Repères 6

Auteur : Victor Hugo (1802-1885) 8

Entrer dans l'œuvre 10

Les Misérables 13
de Victor Hugo

Comprendre le texte

Mon parcours de lecture
- Vérifier sa compréhension du texte 268
- Donner ses impressions de lecture 269

Analyser les passages clés
- Extrait 1 Jean Valjean, un homme entre le Bien et le Mal 270
- Extrait 2 Le début d'une nouvelle vie 271
- Extrait 3 L'amour naissant 272
- Extrait 4 Des héros sur la barricade 273

Comprendre les enjeux du texte 274

S'exprimer à l'oral et à l'écrit
- Vocabulaire 276
- Activités orales 277
- Activités écrites 279

Histoire des arts 280

Retenir l'essentiel

Les personnages 284

La chronologie du récit 288

Les lieux 290

Bilan 292

À vous de jouer ! 294

Prolonger la lecture

Groupement de textes :
Dénoncer la misère sociale 298

Vous aimerez aussi... 303

Table des chapitres

Partie 1 Fantine

1. Monsieur Myriel 18
2. Arrivée d'un vagabond 20
3. Rencontre d'un bagnard et d'un évêque 22
4. Le passé de Jean Valjean 27
5. Le vol de l'argenterie 30
6. M. Myriel sauve le voleur 34
7. Petit-Gervais 37
8. Fantine confie Cosette aux Thénardier 43
9. Les malheurs de Cosette 47
10. L'inspecteur Javert 53
11. Héroïsme de M. Madeleine 56
12. Fantine se sacrifie pour sa fille 60
13. Une tempête sous un crâne 66
14. La mort de Fantine 70

Partie 2 Cosette

1. Portrait des Thénardier 78
2. Cosette toute seule dans la nuit 82
3. Une mystérieuse rencontre 85
4. Le voyageur 89
5. Début d'une vie de famille 98
6. Le retour de Javert 102
7. Jean Valjean et Cosette traqués 106
8. Un sauveur inattendu 110
9. Jean Valjean dans un cercueil 115
10. Retour parmi les vivants 117
11. La vie au couvent 12

Partie 3 Marius

1. Le petit Gavroche 126
2. Mort de Georges Pontmercy 130
3. M. Leblanc et Mlle Lanoire 13

4. Premiers regards 137
5. L'éveil des sentiments 140
6. Maladie d'amour 142
7. La fille Jondrette 145
8. Le guet-apens 151

Partie 4 L'idylle rue Plumet et l'épopée rue Saint-Denis

1. Éponine refait surface 172
2. La maison de la rue Plumet 178
3. Naissance des sentiments 181
4. Une ombre effrayante 184
5. Premier baiser 186
6. L'idylle 191
7. La mise en garde 193
8. Le mouchard arrêté 196
9. L'exploit de Marius 201
10. La mort d'Éponine 204
11. Jean Valjean découvre les amours de Cosette et Marius 211

Partie 5 Jean Valjean

1. Gavroche dehors 218
2. La vengeance de Jean Valjean 223
3. La mort des héros 226
4. Marius prisonnier 228
5. Le labyrinthe des égouts 230
6. La clef des champs 234
7. Marius comme mort 237
8. Le dilemme de Javert 241
9. Enfin réunis 246
10. Marius mène l'enquête 248
11. L'ultime dilemme 252
12. La révélation 254
13. La mort de Jean Valjean 257
14. La tombe de Jean Valjean 264

Le XIXe siècle, un siècle de bouleversements

Une grande instabilité politique

• Après la **Révolution française de 1789**, plusieurs régimes politiques se succèdent. À la chute de Napoléon Ier et du **Premier Empire**, la monarchie est rétablie : c'est la **Restauration** **(voir frise)**.

• Contestée dès 1830 avec la **révolution des Trois Glorieuses** (27, 28 et 29 juillet), puis avec **l'insurrection parisienne de 1832**, la monarchie s'achève définitivement en 1848. D'abord élu président de la République, **Louis-Napoléon Bonaparte** est proclamé empereur en 1852 sous le nom de Napoléon III, à la suite d'un coup d'État. Commence alors le **Second Empire**, qui prendra fin en 1870, avec la **IIIe République**.

Révolution industrielle et misère sociale

Au XIXe siècle, la **production industrielle** se développe, favorisant une **migration** de la population **des campagnes vers les villes** et l'apparition d'une nouvelle classe sociale : celle des **ouvriers**. Peu payés pour un travail difficile, les ouvriers vivent dans la **pauvreté**. Les **femmes**, bien que toujours dépendantes de leurs maris, **travaillent** pour subvenir aux besoins de leur famille. Les **enfants**, main-d'œuvre bon marché, sont souvent **exploités**.

1799 | 1804 | 1814 | 1824 | 1830

Consulat | Premier Empire | Louis XVIII – Restauration – Charles X | Mon

9 novembre 1799
Coup d'État
de Napoléon Bonaparte

1815
Bataille de Waterloo,
chute de Napoléon Bonaparte

1818
Caspar David Friedrich,
Voyageur au-dessus d'une mer de nuages (peinture)

1820
Alphonse de Lamartine,
Méditations poétiques

27, 28 et 29 juillet 1830
Trois Glorieuses

1832
Soulèvement des Parisiens
contre Louis-Philippe

1830
Bataille d'Hernani
(voir p. 9)

Eugène Delacroix,
La Liberté guidant le peuple,
1830, huile sur toile,
musée du Louvre, Paris.

Du romantisme au réalisme

• La première moitié du XIXᵉ siècle est dominée par un courant artistique : le **romantisme**, dont **Victor Hugo** est l'un des chefs de file. Il privilégie l'**expression des sentiments personnels**, qui trouvent leur miroir dans la **nature**.

• À partir de 1830, le mouvement du **réalisme** propose de **représenter la réalité telle qu'elle est**, sans l'idéaliser. Romantiques et réalistes se retrouvent dans leur **évocation de la société**, dont ils dénoncent les travers, et du **peuple**, jusque-là peu représenté en art. Ancré dans la réalité historique et tourné vers les profondeurs de l'âme humaine, ***Les Misérables* se situe à la croisée des deux courants.**

Romantisme et réalisme

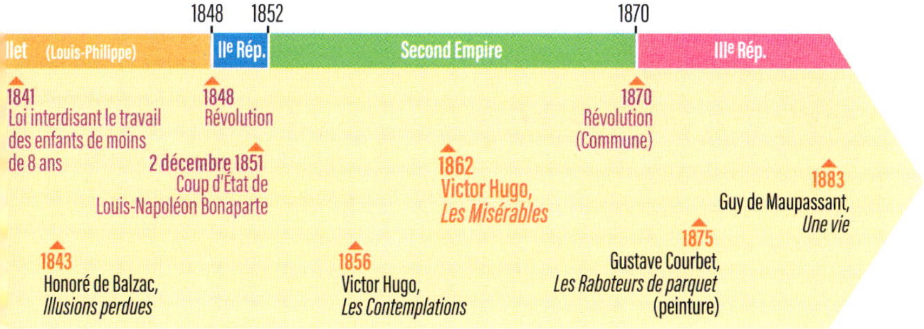

Victor Hugo (1802-1885)

Une histoire personnelle traversée d'épreuves

Victor Hugo est **né le 26 février 1802** à Besançon. Ses parents divorcent quand il a onze ans. En 1822, il épouse **Adèle Foucher**, son amour d'enfance, avec laquelle il a cinq enfants. Quatre d'entre eux meurent jeunes, dont **Léopoldine**, qui **se noie dans la Seine** à l'âge de dix-neuf ans. Ce traumatisme l'empêchera d'écrire pendant plusieurs années.

Un artiste aux multiples facettes

Le succès de son **premier recueil de poèmes**, *Odes* (1821), lui permet d'obtenir une **pension royale**. Il s'illustre à nouveau dans le genre poétique avec **deux grands recueils** : *Les Châtiments* (1853) et *Les Contemplations* (1856). Il écrit également des **pièces de théâtre** (*Hernani*, 1830 ; *Ruy Blas*, 1838) et des **romans** (*Notre-Dame de Paris*, 1831 ; *Les Misérables*, 1862).

L'engagement politique

Élu à l'Assemblée en 1849, **il s'oppose à Louis-Napoléon Bonaparte** et **doit s'exiler**, après le coup d'État de ce dernier, sur l'île anglo-normande de **Guernesey**. Engagé **contre la peine de mort** (*Le Dernier Jour d'un condamné*, 1829 ; *Claude Gueux*, 1834), il milite **contre l'injustice sociale** et défend le **droit à l'instruction** gratuite pour tous, convaincu que **l'éducation est la meilleure arme** pour lutter contre la misère et le crime.

Sur la bataille d'Hernani

Ses œuvres majeures

- **1827** *Cromwell*, drame romantique dans la préface duquel Victor Hugo théorise le courant littéraire du romantisme.
- **1830** *Hernani*, drame romantique qui provoque une vive querelle lors de sa première représentation (la bataille d'Hernani).
- **1831** *Notre-Dame de Paris*, roman dont l'action se situe à Paris, au Moyen Âge, et qui évoque le destin de personnages rejetés par la société (Esmeralda la bohémienne, Quasimodo le bossu…).
- **1853** *Les Châtiments*, recueil de poèmes satiriques dans lequel l'auteur condamne le gouvernement de Louis-Napoléon Bonaparte, à la suite du coup d'État du 2 décembre 1851.
- **1856** *Les Contemplations*, recueil de poèmes lyriques évoquant la nature, l'amour et la mort (dont celle de Léopoldine, sa fille).
- **1862** *Les Misérables*, roman.

Une citation célèbre

En savoir plus sur l'auteur

« Il vient une heure où protester ne suffit plus : après la philosophie, il faut l'action. »

Les Misérables, 1862.

À vous de jouer !

	Vrai	Faux
1. Victor Hugo a écrit son premier recueil de poèmes à l'âge de dix-neuf ans.	☐	☐
2. Il a soutenu l'empereur Napoléon III.	☐	☐
3. Il pensait que si l'instruction était gratuite pour tous, il y aurait moins de misère et de criminalité.	☐	☐

1. Vrai • 2. Faux • 3. Vrai.

Jean Valjean, un homme dans la misère

Découvrez un personnnage clé de l'œuvre

1. Que nous apprend cette planche de bande dessinée sur l'origine sociale et la situation familiale de Jean Valjean ?

2. Listez les différents métiers qu'exerce Jean Valjean, puis recherchez leur définition : qu'ont-ils en commun ? Sont-ils bien rémunérés ?

3. D'après cet extrait, quelles sont les qualités de Jean Valjean ?

4. Observez l'expression du visage de Jean Valjean sur les vignettes où il est représenté : que peut-on en déduire sur sa personnalité ?

L'œuvre Cette bande dessinée est une **adaptation fidèle** du roman *Les Misérables* de Victor Hugo. Le scénariste, Maxe L'Hermenier, a adapté de nombreuses œuvres littéraires en bandes dessinées (*La Ferme des animaux*, *La Rivière à l'envers*...).

À vous de jouer !

Imaginez la suite de cette planche en bande dessinée

Étape 1 Au brouillon, notez vos idées. Pour vous aider, imaginez les réponses aux questions suivantes.
- Qu'arrivera-t-il à la famille de Jean Valjean s'il ne peut pas travailler ?
- Que feront les personnages évoqués et que deviendront-ils ?

Étape 2 Découpez votre récit en plusieurs étapes : chacune d'entre elles constituera une vignette. Rédigez ensuite les répliques qu'échangeront les personnages dans chacune des vignettes.

Étape 3 Rendez-vous sur le site **www.bdnf.bnf.fr** et téléchargez l'application. Suivez les étapes indiquées pour réaliser votre planche, que vous présenterez ensuite à vos camarades.

◀ Maxe L'Hermenier, Looky, Siamh, Claudia Parada, *Les Misérables*, tome 1, « Fantine », Éditions Jungle, 2019.

NOTE SUR L'ADAPTATION

Ce volume propose une version abrégée de l'œuvre de Victor Hugo, *Les Misérables*. Certains titres de chapitres ont été modifiés pour en faciliter la compréhension par les élèves.
La numérotation continue des chapitres, au sein de chaque partie, permet d'assurer la cohérence du récit et le repérage des élèves.
Enfin, lorsque cela était nécessaire à la compréhension de l'intrigue, de courts résumés ont été ajoutés. Ils se distinguent du texte par une couleur différente et sont composés en italique.

Les Misérables

Tant qu'il existera, par le fait des lois et des mœurs[1], une damnation[2] sociale créant artificiellement, en pleine civilisation, des enfers, et compliquant d'une fatalité humaine la destinée qui est divine ; tant que les trois problèmes du siècle, la dégradation de l'homme par le prolétariat[3], la déchéance de la femme par la faim, l'atrophie[4] de l'enfant par la nuit, ne seront pas résolus ; tant que, dans de certaines régions, l'asphyxie[5] sociale sera possible ; en d'autres termes, et à un point de vue plus étendu encore, tant qu'il y aura sur la terre ignorance et misère, des livres de la nature de celui-ci pourront ne pas être inutiles.

Hauteville House, 1er janvier 1862.

1. **Mœurs :** ensemble de comportements propres à un groupe humain, mode de vie.
2. **Damnation :** condamnation d'ordre moral.
3. **Prolétariat :** classe sociale des ouvriers.
4. **Atrophie :** affaiblissement, déchéance.
5. **Asphyxie :** ici, au sens figuré d'affaiblissement moral.

Fantine (Anne Hathaway) dans *Les Misérables*, film de Tom Hooper, 2012.

Partie 1 lue en intégralité

Partie 1

Fantine

Chapitre 1

Monsieur Myriel

En 1815, M. Charles-François-Bienvenu Myriel était évêque[1] de Digne. C'était un vieillard d'environ soixante-quinze ans ; il occupait le siège de Digne depuis 1806.

M. Myriel était fils d'un conseiller au parlement d'Aix. Il était bien fait de sa personne, quoique d'assez petite taille, élégant, gracieux, spirituel ; toute la première partie de sa vie avait été donnée au monde et aux galanteries. La révolution[2] survint, les événements se précipitèrent, les familles parlementaires décimées, chassées, traquées, se dispersèrent. M. Charles Myriel, dès les premiers jours de la révolution, émigra en Italie. Sa femme y mourut d'une maladie de poitrine[3] dont elle était atteinte depuis longtemps. Ils n'avaient point d'enfants. Que se passa-t-il ensuite dans la destinée de M. Myriel ? Nul n'aurait pu le dire ; tout ce qu'on savait, c'est que, lorsqu'il revint d'Italie, il était prêtre.

En 1804, M. Myriel était arrivé à Digne accompagné d'une vieille fille[4], mademoiselle Baptistine, qui était sa sœur et qui avait dix ans de moins que lui.

Ils avaient pour tout domestique une servante du même âge que mademoiselle Baptistine, et appelée madame Magloire.

1. **Évêque :** haut grade du clergé catholique, attribué par le pape.
2. Il s'agit de la Révolution française (1789-1793).
3. **Une maladie de poitrine :** sans doute une pneumonie.
4. **Vieille fille :** femme d'un certain âge qui n'est pas mariée.

Fransesc Morell Cornet, *Le Curé de la cathédrale de Manresa*, 1904, mairie de Manresa (Espagne).

À son arrivée, on installa M. Myriel en son palais épiscopal[1]. Le maire et le président lui firent la première visite, et lui de son côté fit la première visite au général et au préfet.

L'installation terminée, la ville attendit son évêque à l'œuvre[2].

Dès son arrivée, M. Myriel transforme le palais épiscopal en hôpital pour accueillir les plus démunis, puis il part s'installer dans une modeste maison. Sa bienveillance, sa bonté et ses bonnes actions lui valent d'être rebaptisé «monseigneur Bienvenu» par les habitants de Digne.

Chapitre 2

Arrivée d'un vagabond

Dans les premiers jours du mois d'octobre 1815, une heure environ avant le coucher du soleil, un homme qui voyageait à pied entrait dans la petite ville de Digne. Les rares habitants qui se trouvaient en ce moment à leurs fenêtres ou sur le seuil de leurs maisons regardaient ce voyageur avec une sorte d'inquiétude. Il était difficile de rencontrer un passant d'un aspect plus misérable. C'était un homme de moyenne taille, trapu et robuste, dans la force de l'âge. Il pouvait avoir quarante-six ou quarante-huit ans. Une casquette à visière de cuir rabattue cachait en partie son visage brûlé par le soleil et le hâle[3] et ruisselant de sueur. Sa chemise de grosse toile jaune, rattachée au col par une petite

1. **Palais épiscopal:** résidence d'un évêque.
2. **À l'œuvre:** au travail.
3. **Hâle:** brunissement de la peau sous l'effet du soleil.

ancre d'argent, laissait voir sa poitrine velue[1] ; il avait une cravate tordue en corde, un pantalon de coutil[2] bleu, usé et râpé, blanc à un genou, troué à l'autre, une vieille blouse grise en haillons[3], rapiécée à l'un des coudes d'un morceau de drap vert cousu avec de la ficelle, sur le dos un sac de soldat fort plein, bien bouclé et tout neuf, à la main un énorme bâton noueux, les pieds sans bas dans des souliers ferrés, la tête tondue et la barbe longue.

La sueur, la chaleur, le voyage à pied, la poussière, ajoutaient je ne sais quoi de sordide[4] à cet ensemble délabré.

Les cheveux étaient ras, et pourtant hérissés ; car ils commençaient à pousser un peu, et semblaient n'avoir pas été coupés depuis quelque temps.

***Jean Valjean*, 1862, gravure colorisée.**

Personne ne le connaissait. Ce n'était évidemment qu'un passant. D'où venait-il ? Du midi[5]. Des bords de la mer peut-être. Car il faisait son entrée dans Digne par la même rue qui sept mois auparavant avait vu passer l'empereur Napoléon allant de Cannes à Paris. Cet homme avait dû marcher tout le jour. Il paraissait très fatigué.

1. **Velue :** recouverte de poils.
2. **Coutil :** tissu fait de fils serrés de chanvre, lin et coton.
3. **En haillons :** sale et déchirée.
4. **Sordide :** repoussant de saleté.
5. **Midi :** région du sud de la France.

Sans que le lecteur n'en connaisse la raison, tous les habitants refusent le gîte et le couvert au vagabond. Alors que le misérable s'apprête à s'endormir sur un banc près de l'église de Digne, une passante lui conseille de frapper à la porte d'une maison voisine. Il s'agit en réalité de la demeure de l'évêque, ce que le vagabond ignore. Pendant ce temps, madame Magloire et mademoiselle Baptistine font part à monseigneur Bienvenu de leur inquiétude grandissante : un mystérieux rôdeur est arrivé dans la ville.

Chapitre 3

Rencontre d'un bagnard et d'un évêque

En ce moment[1], on frappa à la porte un coup assez violent.

« Entrez », dit l'évêque.

La porte s'ouvrit.

Elle s'ouvrit vivement, toute grande, comme si quelqu'un la poussait avec énergie et résolution.

Un homme entra.

Cet homme, nous le connaissons déjà. C'est le voyageur que nous avons vu tout à l'heure errer cherchant un gîte.

Il entra, fit un pas, et s'arrêta, laissant la porte ouverte derrière lui. Il avait son sac sur l'épaule, son bâton à la main, une expression rude, hardie[2], fatiguée et violente dans les yeux. Le feu de la cheminée l'éclairait. Il était hideux. C'était une sinistre apparition.

1. **En ce moment :** à ce moment-là.
2. **Hardie :** assurée.

Madame Magloire n'eut pas même la force de jeter un cri. Elle tressaillit[1], et resta béante[2].

Mademoiselle Baptistine se retourna, aperçut l'homme qui entrait et se dressa à demi d'effarement

L'évêque fixait sur l'homme un œil tranquille.

L'homme dit d'une voix haute :

« Voici. Je m'appelle Jean Valjean. Je suis un galérien[3]. J'ai passé dix-neuf ans au bagne. Je suis libéré depuis quatre jours et en route pour Pontarlier[4] qui est ma destination. Quatre jours que je marche depuis Toulon. Aujourd'hui, j'ai fait douze lieues[5] à pied. Ce soir, en arrivant dans ce pays, j'ai été dans une auberge, on m'a renvoyé à cause de mon passeport jaune[6] que j'avais montré à la mairie. Il avait fallu. J'ai été à une autre auberge. On m'a dit : Va-t-en ! Chez l'un, chez l'autre. Personne n'a voulu de moi. J'ai été à la prison, le guichetier n'a pas ouvert. J'ai été dans la niche d'un chien. Ce chien m'a mordu et m'a chassé, comme s'il avait été un homme. On aurait dit qu'il savait qui j'étais. Je m'en suis allé dans les champs pour coucher à la belle étoile. Il n'y avait pas d'étoile. J'ai pensé qu'il pleuvrait, et qu'il n'y avait pas de bon Dieu pour empêcher de pleuvoir, et je suis rentré dans la ville pour y trouver le renfoncement

1. **Tressaillit :** trembla.
2. **Béante :** bouche ouverte sous l'effet de la surprise.
3. **Galérien :** bagnard, forçat. Le bagne était un lieu où étaient envoyés les condamnés pour effectuer des travaux forcés en réparation du crime qu'ils avaient commis.
4. **Pontarlier :** ville située dans le Doubs, au sud-est de Dijon, près de la frontière suisse.
5. **Lieues :** ancienne mesure de distance. Une lieue équivaut à environ quatre kilomètres.
6. **Passeport jaune :** document qui indique la condition d'ancien bagnard de Jean Valjean.

d'une porte. Là, dans la place, j'allais me coucher sur une pierre. Une bonne femme m'a montré votre maison et m'a dit : Frappe là. J'ai frappé. Qu'est-ce que c'est ici ? êtes-vous une auberge ?

– Madame Magloire, dit l'évêque, vous mettrez un couvert de plus. »

L'homme fit trois pas et s'approcha de la lampe qui était sur la table.

« Tenez, reprit-il, comme s'il n'avait pas bien compris, ce n'est pas ça. Avez-vous entendu ? Je suis un galérien. Un forçat. Je viens des galères. »

Il tira de sa poche une grande feuille de papier jaune qu'il déplia.

« Voilà mon passeport. Jaune, comme vous voyez. Tenez, voilà ce qu'on a mis sur le passeport : "Jean Valjean, forçat libéré, natif de... – cela vous est égal... – Est resté dix-neuf ans au bagne. Cinq ans pour vol avec effraction. Quatorze ans pour avoir tenté de s'évader quatre fois. Cet homme est très dangereux." – Voilà !

– Madame Magloire, dit l'évêque, vous mettrez des draps blancs au lit de l'alcôve[1]. »

Madame Magloire sortit pour exécuter ces ordres.

L'évêque se tourna vers l'homme.

« Monsieur, asseyez-vous et chauffez-vous. Nous allons souper dans un instant, et l'on fera votre lit pendant que vous souperez. »

Ici l'homme comprit tout à fait. L'expression de son visage, jusqu'alors sombre et dure, s'empreignit[2] de stupéfaction, de

1. **Alcôve :** enfoncement dans une pièce, destiné à abriter un lit.
2. **S'empreignit :** se marqua.

doute, de joie, et devint extraordinaire. Il se mit à balbutier comme un homme fou :

« Vrai ? quoi ? vous me gardez ? vous ne me chassez pas ! un forçat ! Vous m'appelez *monsieur* ! vous ne me tutoyez pas ! Va-t-en, chien ! qu'on me dit toujours. Je croyais bien que vous me chasseriez. Vous êtes de dignes gens ! D'ailleurs j'ai de l'argent. Je payerai bien. Pardon, monsieur l'aubergiste, comment vous appelez-vous ? Je payerai tout ce qu'on voudra. Vous êtes un brave homme. Vous êtes aubergiste, n'est-ce pas ?

– Je suis, dit l'évêque, un prêtre qui demeure ici.

– Un prêtre ! reprit l'homme. Oh ! un brave homme de prêtre ! Alors vous ne me demandez pas d'argent ? Le curé, n'est-ce pas ? le curé de cette grande église ? Tiens ! c'est vrai, que je suis bête ! je n'avais pas vu votre calotte[1] ! »

Il continua :

« Vous êtes humain, monsieur le curé. Vous n'avez pas de mépris. C'est bien bon un bon prêtre. Alors vous n'avez pas besoin que je paye ?

– Non, dit l'évêque, gardez votre argent. »

Puis il alla pousser la porte qui était restée toute grande ouverte.

Madame Magloire rentra. Elle apportait un couvert qu'elle mit sur la table.

« Madame Magloire, dit l'évêque, mettez ce couvert le plus près possible du feu. Voici, reprit-il, une lampe qui éclaire bien mal. »

1. Calotte : petit bonnet rond que portent les membres du clergé sur le sommet de la tête.

Madame Magloire comprit, et elle alla chercher sur la cheminée de la chambre à coucher de monseigneur les deux chandeliers d'argent qu'elle posa sur la table tout allumés.

Le visage de l'évêque prit tout à coup cette expression de gaîté propre aux natures hospitalières[1] : « À table ! » dit-il vivement.

L'évêque dit le bénédicité[2], puis servit lui-même la soupe, selon son habitude. L'homme se mit à manger avidement.

Tout à coup l'évêque dit : « Mais il me semble qu'il manque quelque chose sur cette table. »

Madame Magloire en effet n'avait mis que les trois couverts absolument nécessaires. Or c'était l'usage de la maison, quand l'évêque avait quelqu'un à souper, de disposer sur la nappe les six couverts d'argent, étalage innocent. Ce gracieux semblant de luxe était une sorte d'enfantillage plein de charme dans cette maison douce et sévère qui élevait la pauvreté jusqu'à la dignité.

Madame Magloire comprit l'observation, sortit sans dire un mot, et un moment après les trois couverts réclamés par l'évêque brillaient sur la nappe, symétriquement arrangés devant chacun des trois convives.

Une fois le dîner terminé, monseigneur Bienvenu conduit Jean Valjean jusqu'à l'alcôve attenante à sa chambre à coucher. Troublé par l'hospitalité du vieil homme, l'ancien bagnard tente de le mettre en garde contre le danger qu'il prend en l'accueillant ainsi chez lui. Mais l'évêque ne tient pas compte de ces avertissements et quitte la pièce après lui avoir souhaité bonne nuit et prononcé quelques mots de prière.

1. **Natures hospitalières :** personnes qui accueillent volontiers des gens chez elles.
2. **Bénédicité :** courte prière récitée avant un repas pour remercier Dieu.

Chapitre 4

Le passé de Jean Valjean

Vers le milieu de la nuit, Jean Valjean se réveilla.

Jean Valjean était d'une pauvre famille de paysans de la Brie[1]. Dans son enfance, il n'avait pas appris à lire. Quand il eut l'âge d'homme, il était émondeur[2] à Faverolles. Sa mère s'appelait Jeanne Mathieu; son père s'appelait Jean Valjean, ou Vlajean, sobriquet[3] probablement, et contraction de *Voilà Jean*.

Jean Valjean était d'un caractère pensif sans être triste, ce qui est le propre des natures affectueuses. Somme toute, pourtant, c'était quelque chose d'assez endormi et d'assez insignifiant, en apparence du moins, que Jean Valjean. Il avait perdu en très bas âge son père et sa mère. Sa mère était morte d'une fièvre de lait[4] mal soignée. Son père, émondeur comme lui, s'était tué en tombant d'un arbre. Il n'était resté à Jean Valjean qu'une sœur plus âgée que lui, veuve, avec sept enfants, filles et garçons. Cette sœur avait élevé Jean Valjean, et tant qu'elle eut son mari elle logea et nourrit son jeune frère. Le mari mourut. L'aîné des sept enfants avait huit ans, le dernier un an. Jean Valjean venait d'atteindre, lui, sa vingt-cinquième année. Il remplaça le père, et soutint à son tour sa sœur qui l'avait élevé. Cela se fit simplement, comme un devoir, même avec quelque chose

1. **Brie :** région rurale du centre de la France (voir carte p. 290).
2. **Émondeur :** personne chargée d'enlever les feuilles et branches superflues des arbres.
3. **Sobriquet :** surnom moqueur.
4. **Fièvre de lait :** fièvre qui peut survenir après un accouchement.

de bourru[1] de la part de Jean Valjean. Sa jeunesse se dépensait ainsi dans un travail rude et mal payé. On ne lui avait jamais connu de « bonne amie » dans le pays. Il n'avait pas eu le temps d'être amoureux.

Le soir il rentrait fatigué et mangeait sa soupe sans dire un mot. Sa sœur, mère Jeanne, pendant qu'il mangeait, lui prenait souvent dans son écuelle le meilleur de son repas, le morceau de viande, la tranche de lard, le cœur de chou, pour le donner à quelqu'un de ses enfants ; lui, mangeant toujours, penché sur la table, presque la tête dans sa soupe, ses longs cheveux tombant autour de son écuelle et cachant ses yeux, avait l'air de ne rien voir et laissait faire.

Jean Valjean gagnait dans la saison de l'émondage vingt-quatre sous par jour, puis il se louait comme moissonneur, comme manœuvre, comme garçon de ferme bouvier, comme homme de peine[2]. Il faisait ce qu'il pouvait. Sa sœur travaillait de son côté, mais que faire avec sept petits enfants ? C'était un triste groupe que la misère enveloppa et étreignit[3] peu à peu. Il arriva qu'un hiver fut rude. Jean n'eut pas d'ouvrage[4]. La famille n'eut pas de pain. Pas de pain. À la lettre. Sept enfants !

Un dimanche soir, Maubert Isabeau, boulanger sur la place de l'Église, à Faverolles, se disposait à se coucher, lorsqu'il entendit un coup violent dans la devanture grillée et vitrée de sa boutique. Il arriva à temps pour voir un bras passé à travers un trou fait d'un

1. **Bourru :** rude.
2. **Manœuvre, [...] garçon de ferme bouvier, [...] homme de peine :** métiers pénibles et peu rémunérés pratiqués par des paysans qui ne sont pas propriétaires d'une terre.
3. **Étreignit :** écrasa.
4. **Ouvrage :** travail.

coup de poing dans la grille et dans la vitre. Le bras saisit un pain et l'emporta. Isabeau sortit en hâte ; le voleur s'enfuyait à toutes jambes ; Isabeau courut après lui et l'arrêta. Le voleur avait jeté le pain, mais il avait encore le bras ensanglanté. C'était Jean Valjean.

Ceci se passait en 1795. Jean Valjean fut traduit devant les tribunaux du temps « pour vol avec effraction la nuit dans une maison habitée ».

Jean Valjean fut déclaré coupable. Les termes du code[1] étaient formels. Il y a dans notre civilisation des heures redoutables ; ce sont les moments où la pénalité[2] prononce un naufrage. Quelle minute funèbre que celle où la société s'éloigne et consomme l'irréparable abandon d'un être pensant ! Jean Valjean fut condamné à cinq ans de galères.

Il partit pour Toulon. Il y arriva après un voyage de vingt-sept jours, sur une charrette, la chaîne au cou. À Toulon, il fut revêtu de la casaque[3] rouge. Tout s'effaça de ce qui avait été sa vie, jusqu'à son nom ; il ne fut même plus Jean Valjean ; il fut le numéro 24601. Que devint la sœur ? que devinrent les sept enfants ? Qui est-ce qui s'occupe de cela ? Que devient la poignée de feuilles du jeune arbre scié par le pied ?

À la suite de plusieurs tentatives d'évasion, Jean Valjean passera en tout plus de dix-neuf ans au bagne. Un sentiment de haine à l'égard de la loi, de la société, et du genre humain en général, grandit au fond de lui. Réveillé au milieu de la nuit, une pensée l'obsède : voler l'argenterie de son hôte. Il se lève brusquement et se dirige vers la chambre du prêtre.

1. **Code :** code pénal établi par Napoléon Ier, qui fixe les peines attribuées aux personnes ne respectant pas la loi.
2. **Pénalité :** ensemble des règles du Code pénal.
3. **Casaque :** vêtement à larges manches ; ici, uniforme de bagnard.

Chapitre 5

Le vol de l'argenterie

Jean Valjean écouta. Aucun bruit. Il poussa la porte.

Il la poussa du bout du doigt, légèrement, avec cette douceur furtive[1] et inquiète d'un chat qui veut entrer.

La porte céda à la pression et fit un mouvement imperceptible et silencieux qui élargit un peu l'ouverture.

Il attendit un moment, puis poussa la porte une seconde fois, plus hardiment.

Jean Valjean tressaillit. Le bruit de ce gond[2] sonna dans son oreille avec quelque chose d'éclatant et de formidable comme le clairon du jugement dernier[3].

Il s'arrêta, frissonnant, éperdu, et retomba de la pointe du pied sur le talon. Il entendait ses artères battre dans ses tempes comme deux marteaux de forge, et il lui semblait que son souffle sortait de sa poitrine avec le bruit du vent qui sort d'une caverne. Un moment il se crut perdu.

Il demeura où il était, pétrifié comme la statue de sel[4], n'osant faire un mouvement.

1. **Furtive :** rapide, qui passe presque inaperçue.
2. **Gond :** pièce de métal qui sert de pivot aux portes.
3. **Jugement dernier :** dans la religion chrétienne, les âmes des fidèles qui viennent de mourir se présentent devant Dieu pour être jugées comme bonnes (destinées au Paradis) ou mauvaises (envoyées en Enfer).
4. **Pétrifié comme la statue de sel :** immobile, figé. Référence à la Bible (Genèse) où la femme de Loth est transformée en statue de sel pour avoir désobéi aux ordres de Dieu, qui allait détruire la ville de Sodome.

Quelques minutes s'écoulèrent. La porte s'était ouverte toute grande. Il se hasarda à regarder dans la chambre. Rien n'y avait bougé. Il prêta l'oreille. Rien ne remuait dans la maison. Le bruit du gond rouillé n'avait éveillé personne.

Il fit un pas et entra dans la chambre.

Cette chambre était dans un calme parfait. Jean Valjean avança avec précaution en évitant de se heurter aux meubles. Il entendait au fond de la chambre la respiration égale et tranquille de l'évêque endormi.

Il s'arrêta tout à coup. Il était près du lit. Il y était arrivé plus tôt qu'il n'aurait cru.

L'évêque dormait paisiblement. Il y avait sur son front l'inexprimable réverbération[1] d'une lumière qu'on ne voyait pas. L'âme des justes pendant le sommeil contemple un ciel mystérieux.

Un reflet de ce ciel était sur l'évêque.

Il y avait presque de la divinité dans cet homme ainsi auguste[2] à son insu[3].

Jean Valjean, lui, était dans l'ombre, son chandelier de fer à la main, debout, immobile, effaré de ce vieillard lumineux. Jamais il n'avait rien vu de pareil. Cette confiance l'épouvantait. Le monde moral n'a pas de plus grand spectacle que celui-là : une conscience troublée et inquiète, parvenue au bord d'une mauvaise action, et contemplant le sommeil d'un juste.

L'œil de Jean Valjean ne se détachait pas du vieillard. La seule chose qui se dégageât clairement de son attitude et de sa

1. **Réverbération:** reflet.
2. **Auguste:** digne de respect et de vénération.
3. **À son insu:** sans qu'il ne le sache.

physionomie, c'était une étrange indécision. On eût dit qu'il hésitait entre les deux abîmes[1], celui où l'on se perd et celui où l'on se sauve. Il semblait prêt à briser ce crâne ou à baiser cette main.

Au bout de quelques instants, son bras gauche se leva lentement vers son front, et il ôta sa casquette, puis son bras retomba avec la même lenteur, et Jean Valjean rentra dans sa contemplation, sa casquette dans la main gauche, sa massue dans la main droite, ses cheveux hérissés sur sa tête farouche[2].

L'évêque continuait de dormir dans une paix profonde sous ce regard effrayant.

Tout à coup Jean Valjean remit sa casquette sur son front, puis marcha rapidement, le long du lit, sans regarder l'évêque, droit au placard qu'il entrevoyait près du chevet; il leva le chandelier de fer comme pour forcer la serrure; la clef y était; il l'ouvrit; la première chose qui lui apparut fut le panier d'argenterie; il le prit, traversa la chambre à grands pas sans précaution et sans s'occuper du bruit, gagna la porte, rentra dans l'oratoire[3], ouvrit la fenêtre, saisit un bâton, enjamba l'appui du rez-de-chaussée, mit l'argenterie dans son sac, jeta le panier, franchit le jardin, sauta par-dessus le mur comme un tigre, et s'enfuit.

Le lendemain, madame Magloire s'aperçoit que l'argenterie a été volée et court prévenir monseigneur Bienvenu, s'insurgeant contre le misérable qu'ils ont eu la bonté d'accueillir la veille. L'évêque demeure toutefois impassible[4] et se met à table avec sa sœur comme si rien ne s'était passé.

1. **Abîmes :** précipices ; ici, au sens figuré de « solutions extrêmes ».
2. **Farouche :** sauvage.
3. **Oratoire :** lieu consacré à la prière.
4. **Impassible :** indifférent, sans émotion apparente.

Horace Castelli, *Le Vol de l'argenterie*,
illustration pour *Les Misérables*, 1865, maisons de Victor Hugo, Paris-Guernesey.

Chapitre 6

M. Myriel sauve le voleur

Comme le frère et la sœur allaient se lever de table, on frappa à la porte.

« Entrez », dit l'évêque.

La porte s'ouvrit. Un groupe étrange et violent apparut sur le seuil. Trois hommes en tenaient un quatrième au collet[1]. Les trois hommes étaient des gendarmes ; l'autre était Jean Valjean.

Un brigadier de gendarmerie, qui semblait conduire le groupe, était près de la porte. Il entra et s'avança vers l'évêque en faisant le salut militaire.

« Monseigneur... » dit-il.

À ce mot Jean Valjean, qui était morne[2] et semblait abattu, releva la tête d'un air stupéfait.

« Monseigneur ! murmura-t-il. Ce n'est donc pas le curé ?...

– Silence ! dit un gendarme. C'est monseigneur l'évêque. »

Cependant monseigneur Bienvenu s'était approché aussi vivement que son grand âge le lui permettait.

« Ah ! vous voilà ! s'écria-t-il en regardant Jean Valjean. Je suis aise de vous voir. Et bien mais ! je vous avais donné les chandeliers aussi, qui sont en argent comme le reste et dont vous pourrez bien avoir deux cents francs. Pourquoi ne les avez-vous pas emportés avec vos couverts ? »

1. **Au collet :** par le col du vêtement.
2. **Morne :** triste.

Jean Valjean ouvrit les yeux et regarda le vénérable[1] évêque avec une expression qu'aucune langue humaine ne pourrait rendre.

« Monseigneur, dit le brigadier de gendarmerie, ce que cet homme disait était donc vrai ? Nous l'avons rencontré. Il allait comme quelqu'un qui s'en va. Nous l'avons arrêté pour voir. Il avait cette argenterie...

– Et il vous a dit, interrompit l'évêque en souriant, qu'elle lui avait été donnée par un vieux bonhomme de prêtre chez lequel il avait passé la nuit ? Je vois la chose. Et vous l'avez ramené ici ? C'est une méprise[2].

– Comme cela, reprit le brigadier, nous pouvons le laisser aller ?

– Sans doute[3] », répondit l'évêque.

Les gendarmes lâchèrent Jean Valjean qui recula.

« Est-ce que c'est vrai qu'on me laisse ? dit-il d'une voix presque inarticulée et comme s'il parlait dans le sommeil.

– Oui, on te laisse, tu n'entends donc pas ? dit un gendarme.

– Mon ami, reprit l'évêque, avant de vous en aller, voici vos chandeliers. Prenez-les. »

Il alla à la cheminée, prit les deux flambeaux d'argent et les apporta à Jean Valjean. Les deux femmes le regardaient faire sans un mot, sans un geste, sans un regard qui pût déranger l'évêque.

Jean Valjean tremblait de tous ses membres. Il prit les deux chandeliers machinalement et d'un air égaré.

1. **Vénérable :** digne d'un grand respect.
2. **Méprise :** erreur, malentendu.
3. **Sans doute :** oui, tout à fait.

« Maintenant, dit l'évêque, allez en paix. – À propos, quand vous reviendrez, mon ami, il est inutile de passer par le jardin. Vous pourrez toujours entrer et sortir par la porte de la rue. Elle n'est fermée qu'au loquet[1] jour et nuit. »

Puis se tournant vers la gendarmerie :

« Messieurs, vous pouvez vous retirer. »

Les gendarmes s'éloignèrent.

Jean Valjean était comme un homme qui va s'évanouir.

L'évêque s'approcha de lui, et lui dit à voix basse :

« N'oubliez pas, n'oubliez jamais que vous m'avez promis d'employer cet argent à devenir honnête homme. »

Jean Valjean, qui n'avait aucun souvenir d'avoir rien promis, resta interdit[2]. L'évêque avait appuyé sur ces paroles en les prononçant. Il reprit avec une sorte de solennité[3] :

« Jean Valjean, mon frère, vous n'appartenez plus au mal, mais au bien. C'est votre âme que je vous achète ; je la retire aux pensées noires et à l'esprit de perdition, et je la donne à Dieu. »

1. **Loquet :** système de fermeture de porte constitué d'une barre pivotante.
2. **Interdit :** surpris et silencieux.
3. **Solennité :** gravité.

Chapitre 7

Petit-Gervais

Jean Valjean sortit de la ville comme s'il s'échappait. Il se mit à marcher en toute hâte dans les champs, prenant les chemins et les sentiers qui se présentaient sans s'apercevoir qu'il revenait à chaque instant sur ses pas. Il erra ainsi toute la matinée, n'ayant pas mangé et n'ayant pas faim. Il était en proie à une foule de sensations nouvelles. Il se sentait une sorte de colère ; il ne savait contre qui. Il n'eût pu dire s'il était touché ou humilié.

Des pensées inexprimables s'amoncelèrent[1] ainsi en lui toute la journée.

Comme le soleil déclinait au couchant, allongeant sur le sol l'ombre du moindre caillou, Jean Valjean était assis derrière un buisson dans une grande plaine rousse absolument déserte.

Au milieu de cette méditation[2] qui n'eût pas peu contribué à rendre ses haillons effrayants pour quelqu'un qui l'eût rencontré, il entendit un bruit joyeux.

Il tourna la tête, et vit venir par le sentier un petit savoyard d'une dizaine d'années qui chantait, sa vielle[3] au flanc et sa boîte à marmotte[4] sur le dos ; un de ces doux et gais enfants qui vont de pays en pays, laissant voir leurs genoux par les trous de leur pantalon.

1. **S'amoncelèrent :** s'accumulèrent.
2. **Méditation :** réflexion profonde.
3. **Vielle :** instrument de musique à cordes.
4. **Boîte à marmotte :** malle.

Tout en chantant l'enfant interrompait de temps en temps sa marche et jouait aux osselets[1] avec quelques pièces de monnaie qu'il avait dans sa main, toute sa fortune probablement. Parmi cette monnaie il y avait une pièce de quarante sous.

L'enfant s'arrêta à côté du buisson sans voir Jean Valjean et fit sauter sa poignée de sous que jusque-là il avait reçue avec assez d'adresse tout entière sur le dos de sa main.

Cette fois la pièce de quarante sous lui échappa, et vint rouler vers la broussaille jusqu'à Jean Valjean.

Jean Valjean posa le pied dessus.

Cependant l'enfant avait suivi sa pièce du regard, et l'avait vu.

Il ne s'étonna point et marcha droit à l'homme.

« Monsieur, dit le petit savoyard, avec cette confiance de l'enfance qui se compose d'ignorance et d'innocence, – ma pièce ?

– Comment t'appelles-tu ? dit Jean Valjean.

– Petit-Gervais, monsieur.

– Va-t'en, dit Jean Valjean.

– Monsieur, reprit l'enfant, rendez-moi ma pièce. »

Jean Valjean baissa la tête et ne répondit pas.

L'enfant recommença :

« Ma pièce, monsieur ! »

L'œil de Jean Valjean resta fixé à terre.

« Ma pièce ! cria l'enfant, ma pièce blanche ! mon argent ! »

Il semblait que Jean Valjean n'entendît point. L'enfant le prit au collet de sa blouse et le secoua. Et en même temps il faisait effort pour déranger le gros soulier ferré posé sur son trésor.

1. **Osselets :** jeu d'adresse qui se pratique avec des objets ressemblant à de petits os.

Jean Valjean (Liam Neeson) dans *Les Misérables*, film de Bille August, 1998.

« Je veux ma pièce ! ma pièce de quarante sous ! »

L'enfant pleurait. La tête de Jean Valjean se releva. Il était toujours assis. Ses yeux étaient troubles. Il considéra l'enfant avec une sorte d'étonnement, puis il étendit la main vers son bâton et cria d'une voix terrible : « Qui est là ?

– Moi, monsieur, répondit l'enfant. Petit-Gervais ! moi ! moi ! Rendez-moi mes quarante sous, s'il vous plaît ! Ôtez votre pied, monsieur, s'il vous plaît ! »

Puis irrité, quoique tout petit, et devenant presque menaçant :

« Ah çà, ôterez-vous votre pied ? Ôtez donc votre pied, voyons.

– Ah ! c'est encore toi ! dit Jean Valjean, et se dressant brusquement tout debout, le pied toujours sur la pièce d'argent, il ajouta : – Veux-tu bien te sauver ! »

L'enfant effaré le regarda, puis commença à trembler de la tête aux pieds, et, après quelques secondes de stupeur, se mit à s'enfuir en courant de toutes ses forces sans oser tourner le cou ni jeter un cri.

Cependant à une certaine distance l'essoufflement le força de s'arrêter, et Jean Valjean, à travers sa rêverie, l'entendit qui sanglotait.

Au bout de quelques instants l'enfant avait disparu.

Alors il cria de toute sa force : « Petit-Gervais ! Petit-Gervais ! »

Il se tut, et attendit.

Rien ne répondit.

Son cri s'éteignit dans la brume, sans même éveiller un écho. Il murmura encore : « Petit-Gervais ! » mais d'une voix faible et presque inarticulée. Ce fut là son dernier effort ; ses jarrets[1] flé-

1. **Jarrets** : jambes.

chirent brusquement sous lui comme si une puissance invisible l'accablait tout à coup du poids de sa mauvaise conscience ; il tomba épuisé sur une grosse pierre, les poings dans ses cheveux et le visage dans ses genoux, et il cria : « Je suis un misérable ! »

Alors son cœur creva et il se mit à pleurer. C'était la première fois qu'il pleurait depuis dix-neuf ans.

Deux ans plus tard, en 1817, le narrateur évoque les aventures de quatre étudiants qui profitent de la vie parisienne et de ses plaisirs. Tholomyès, le chef de bande, s'éprend de Fantine, une belle jeune femme blonde au sourire radieux, qu'il finit par délaisser alors qu'elle est enceinte. Fantine se retrouve seule. Quelques années plus tard, pour subvenir au besoin de sa petite fille, Cosette, elle décide de retourner dans sa ville natale, Montreuil-sur-Mer, et d'y trouver un emploi. Mais, en chemin, Fantine s'arrête à Montfermeil, devant une auberge.

Léon Basile Perrault, *Mère et fille*, 1894,
huile sur toile, collection privée.

Chapitre 8

Fantine confie Cosette aux Thénardier

Il y avait, dans le premier quart de ce siècle, à Montfermeil, près de Paris, une façon de gargote[1] qui n'existe plus aujourd'hui. Cette gargote était tenue par des gens appelés Thénardier, mari et femme.

Tout en berçant ses deux petites, la mère chantonnait d'une voix fausse une romance[2] alors célèbre :

Il le faut, disait un guerrier...

Sa chanson et la contemplation de ses filles l'empêchaient d'entendre et de voir ce qui se passait dans la rue.

Cependant quelqu'un s'était approché d'elle, comme elle commençait le premier couplet de la romance, et tout à coup elle entendit une voix qui disait très près de son oreille :

« Vous avez là deux jolis enfants, madame. »

À la belle et tendre Imogine.

répondit la mère, continuant sa romance, puis elle tourna la tête.

Une femme était devant elle, à quelques pas. Cette femme, elle aussi, avait un enfant qu'elle portait dans ses bras.

1. **Une façon de gargote :** une sorte d'auberge bon marché.
2. **Romance :** chanson d'amour populaire.

L'enfant de cette femme était un des plus divins êtres qu'on pût voir. C'était une fille de deux à trois ans. Elle eût pu jouter[1] avec les deux autres pour la coquetterie de l'ajustement[2] ; elle avait un bavolet[3] de linge fin, des rubans à sa brassière[4] et de la valenciennes[5] à son bonnet. Le pli de sa jupe relevée laissait voir sa cuisse blanche, potelée et ferme. Elle était admirablement rose et bien portante. La belle petite donnait envie de mordre dans les pommes de ses joues. On ne pouvait rien dire de ses yeux, sinon qu'ils devaient être très grands et qu'ils avaient des cils magnifiques. Elle dormait.

Quant à la mère, l'aspect en était pauvre et triste. Elle avait la mise[6] d'une ouvrière qui tend à redevenir paysanne. Elle était jeune. Était-elle belle ? peut-être ; mais avec cette mise il n'y paraissait pas. Ses cheveux, d'où s'échappait une mèche blonde, semblaient fort épais, mais disparaissaient sévèrement sous une coiffe de béguine[7], laide, serrée, étroite, et nouée au menton. Le rire montre les belles dents quand on en a ; mais elle ne riait point. Ses yeux ne semblaient pas être secs depuis très longtemps. Elle était pâle ; elle avait l'air très lasse et un peu malade ; elle regardait sa fille endormie dans ses bras avec cet air particulier d'une mère qui a nourri son enfant.

1. **Jouter :** rivaliser.
2. **Ajustement :** tenue vestimentaire.
3. **Bavolet :** coiffe qui couvre la nuque.
4. **Brassière :** petite chemise.
5. **Valenciennes :** dentelle fine fabriquée dans la ville de Valenciennes, au nord de la France.
6. **Mise :** allure.
7. **Béguine :** religieuse.

Fantine (Lily Collins), Mme Thénardier (Olivia Colman) et M. Thénardier (Adeel Akhtar) dans *Les Misérables*, série d'Andrew Davies et Tom Shankland, 2018-2019.

C'était Fantine. Difficile à reconnaître. Pourtant, à l'examiner attentivement, elle avait toujours sa beauté. Un pli triste, qui ressemblait à un commencement d'ironie, ridait sa joue droite.

Les deux femmes continuaient de causer.

« Comment s'appelle votre mioche[1] ?

– Cosette.

– Quel âge a-t-elle ?

– Elle va sur trois ans.

– C'est comme mon aînée. »

1. **Mioche :** enfant (familier).

Cependant les trois petites filles étaient groupées dans une posture d'anxiété profonde et de béatitude[1] ; un événement avait lieu ; un gros ver venait de sortir de terre ; et elles avaient peur, et elles étaient en extase[2].

Leurs fronts radieux se touchaient ; on eût dit trois têtes dans une auréole[3].

« Les enfants, s'écria la mère Thénardier, comme ça se connaît[4] tout de suite ! les voilà qu'on jurerait trois sœurs ! »

Ce mot fut l'étincelle qu'attendait probablement l'autre mère. Elle saisit la main de la Thénardier, la regarda fixement, et lui dit :

« Voulez-vous me garder mon enfant ? »

La Thénardier eut un de ces mouvements surpris qui ne sont ni le consentement ni le refus.

La mère de Cosette poursuivit :

« Voyez-vous, je ne peux pas emmener ma fille au pays. L'ouvrage ne le permet pas. Avec un enfant, on ne trouve pas à se placer[5]. Ils sont si ridicules dans ce pays-là. C'est le bon Dieu qui m'a fait passer devant votre auberge. Quand j'ai vu vos petites si jolies et si propres et si contentes, cela m'a bouleversée. J'ai dit : voilà une bonne mère. C'est ça ; ça fera trois sœurs. Et puis, je ne serai pas longtemps à revenir. Voulez-vous me garder mon enfant ?

– Il faudrait voir, dit la Thénardier.

– Je donnerais six francs par mois. »

1. **Béatitude :** joie profonde.
2. **Extase :** admiration.
3. **Auréole :** cercle de lumière qui entoure la tête des saints ou de Jésus-Christ dans les représentations religieuses.
4. **Se connaît :** se reconnaît entre semblables (ici, entre enfants du même âge).
5. **Se placer :** trouver un emploi.

Ici une voix d'homme cria du fond de la gargote :

« Pas à moins de sept francs. Et six mois payés d'avance.

– Six fois sept quarante-deux, dit la Thénardier.

– Je les donnerai, dit la mère.

– Et quinze francs en dehors pour les premiers frais, ajouta la voix d'homme.

– Total cinquante-sept francs, dit la Mme Thénardier. »

Le marché fut conclu. La mère passa la nuit à l'auberge, donna son argent et laissa son enfant, renoua son sac de nuit dégonflé du trousseau[1] et léger désormais, et partit le lendemain matin, comptant revenir bientôt. On arrange tranquillement ces départs-là, mais ce sont des désespoirs.

Chapitre 9

Les malheurs de Cosette

Il ne suffit pas d'être méchant pour prospérer. La gargote allait mal.

Grâce aux cinquante-sept francs de la voyageuse, Thénardier avait pu éviter un protêt[2] et faire honneur à sa signature. Le mois suivant ils eurent encore besoin d'argent ; la femme porta à Paris et engagea au Mont-de-Piété[3] le trousseau de Cosette pour une somme de soixante francs. Dès que cette somme fut dépensée,

1. **Trousseau :** ensemble des vêtements et affaires.
2. **Protêt :** acte officiel qui constate le non-paiement d'une dette.
3. **Mont-de-Piété :** endroit où l'on prête de l'argent en échange d'objets que les emprunteurs déposent.

les Thénardier s'accoutumèrent[1] à ne plus voir dans la petite fille qu'un enfant qu'ils avaient chez eux par charité, et la traitèrent en conséquence. Comme elle n'avait plus de trousseau, on l'habilla des vieilles jupes et des vieilles chemises des petites Thénardier, c'est-à-dire de haillons. On la nourrit des restes de tout le monde, un peu mieux que le chien et un peu plus mal que le chat. Le chat et le chien étaient du reste ses commensaux[2] habituels ; Cosette mangeait avec eux sous la table dans une écuelle de bois pareille à la leur.

La mère qui s'était fixée, comme on le verra plus tard, à Montreuil-sur-mer, écrivait, ou, pour mieux dire, faisait écrire tous les mois afin d'avoir des nouvelles de son enfant. Les Thénardier répondaient invariablement : Cosette est à merveille.

Les six premiers mois révolus[3], la mère envoya sept francs pour le septième mois, et continua assez exactement ses envois de mois en mois. L'année n'était pas finie que le Thénardier dit : « Une belle grâce qu'elle nous fait là ! que veut-elle que nous fassions avec ses sept francs ? » Et il écrivit pour exiger douze francs. La mère, à laquelle ils persuadaient que son enfant était heureuse « et venait bien[4] », se soumit et envoya les douze francs.

Certaines natures ne peuvent aimer d'un côté sans haïr de l'autre. La mère Thénardier aimait passionnément ses deux filles à elle, ce qui fit qu'elle détesta l'étrangère. Ses filles n'eurent que les caresses. Cosette ne faisait pas un mouvement qui ne fît pleuvoir sur sa tête une grêle de châtiments violents et immérités.

1. **S'accoutumèrent :** s'habituèrent.
2. **Commensaux :** compagnons de table.
3. **Révolus :** passés.
4. **Venait bien :** évoluait de façon positive.

Une analyse de l'œuvre

Émile Antoine Bayard, *Cosette balayant pieds nus*, 1862, gravure colorisée.

Une année s'écoula, puis une autre.

On disait dans le village :

« Ces Thénardier sont de braves gens. Ils ne sont pas riches, et ils élèvent un pauvre enfant qu'on leur a abandonné chez eux ! »

On croyait Cosette oubliée par sa mère.

Cependant le Thénardier, ayant appris par on ne sait quelles voies obscures que l'enfant était probablement bâtard[1] et que la mère ne pouvait l'avouer, exigea quinze francs par mois, disant que « la créature » grandissait et « *mangeait* », et menaçant de la renvoyer. La mère paya les quinze francs.

D'année en année, l'enfant grandit, et sa misère aussi.

Tant que Cosette fut toute petite, elle fut le souffre-douleur des deux autres enfants ; dès qu'elle se mit à se développer un peu, c'est-à-dire avant même qu'elle eût cinq ans, elle devint la servante de la maison.

On fit faire à Cosette les commissions, balayer les chambres, la cour, la rue, laver la vaisselle, porter même des fardeaux[2]. Les Thénardier se crurent d'autant plus autorisés à agir ainsi que la mère qui était toujours à Montreuil-sur-mer commença à mal payer. Quelques mois restèrent en souffrance[3].

Si cette mère fût revenue à Montfermeil au bout de ces trois années, elle n'eût point reconnu son enfant. Cosette, si jolie et si fraîche à son arrivée dans cette maison, était maintenant maigre

1. **Bâtard :** né d'une union hors mariage.
2. **Fardeaux :** charges lourdes.
3. **En souffrance :** impayés.

et blême[1]. Elle avait je ne sais quelle allure inquiète. Sournoise[2] ! disaient les Thénardier.

L'injustice l'avait faite hargneuse[3] et la misère l'avait rendue laide. Il ne lui restait plus que ses beaux yeux qui faisaient peine, parce que, grands comme ils étaient, il semblait qu'on y vît une plus grande quantité de tristesse.

C'était une chose navrante de voir, l'hiver, ce pauvre enfant, qui n'avait pas encore six ans, grelottant sous de vieilles loques[4] de toile trouées, balayer la rue avant le jour avec un énorme balai dans ses petites mains rouges et une larme dans ses grands yeux.

Dans le pays on l'appelait l'Alouette[5]. Le peuple, qui aime les figures, s'était plu à nommer de ce nom ce petit être pas plus gros qu'un oiseau, tremblant, effarouché et frissonnant, éveillé le premier chaque matin dans la maison et dans le village, toujours dans la rue ou dans les champs avant l'aube.

Seulement la pauvre Alouette ne chantait jamais.

De retour à Montreuil-sur-Mer plus de dix années après son départ, Fantine découvre une ville métamorphosée. Un certain M. Madeleine a révolutionné l'industrie locale et assure désormais la prospérité de toute la région. Bienfaiteur dont le passé reste inconnu, il est nommé maire de la ville. Alors qu'il est respecté par tous, un seul habitant se méfie de lui : l'inspecteur Javert.

1. **Blême :** au teint très pâle.
2. **Sournoise :** hypocrite et méchante.
3. **Hargneuse :** agressive.
4. **Loques :** vêtements déchirés, usés.
5. **Alouette :** petit oiseau gris qui chante au lever du jour.

Mead Schaeffer, ***Son nom était Javert*****,**
illustration pour ***Les Misérables*****, 1929.**

Chapitre 10

L'inspecteur Javert

Souvent, quand M. Madeleine passait dans une rue, calme, affectueux, entouré des bénédictions de tous, il arrivait qu'un homme de haute taille, vêtu d'une redingote[1] gris de fer, armé d'une grosse canne et coiffé d'un chapeau rabattu, se retournait brusquement derrière lui, et le suivait des yeux jusqu'à ce qu'il eût disparu, croisant les bras, secouant lentement la tête, et haussant sa lèvre supérieure avec sa lèvre inférieure jusqu'à son nez, sorte de grimace significative qui pourrait se traduire par : « Mais qu'est-ce que c'est que cet homme-là ? – Pour sûr je l'ai vu quelque part. – En tout cas, je ne suis toujours pas sa dupe[2]. »

Ce personnage, grave d'une gravité presque menaçante, était de ceux qui, même rapidement entrevus, préoccupent l'observateur.

Il se nommait Javert, et il était de la police.

Il remplissait à Montreuil-sur-mer les fonctions pénibles, mais utiles, d'inspecteur.

Javert était né dans une prison d'une tireuse de cartes[3] dont le mari était aux galères. En grandissant, il pensa qu'il était en dehors de la société et désespéra d'y rentrer jamais. Il remarqua que la société maintient irrémissiblement[4] en dehors d'elle deux classes d'hommes, ceux qui l'attaquent et ceux qui la gardent ; il

1. **Redingote :** longue veste.
2. **Je ne suis [...] pas sa dupe :** je ne me laisse pas berner par cet homme.
3. **Tireuse de cartes :** voyante, personne qui lit l'avenir dans les cartes du tarot.
4. **Irrémissiblement :** de façon irréversible.

n'avait le choix qu'entre ces deux classes ; en même temps il se sentait je ne sais quel fond de rigidité, de régularité et de probité[1], compliqué d'une inexprimable haine pour cette race de bohèmes[2] dont il était. Il entra dans la police.

Il y réussit. À quarante ans il était inspecteur.

La face humaine de Javert consistait en un nez camard[3], avec deux profondes narines vers lesquelles montaient sur ses deux joues d'énormes favoris[4]. On se sentait mal à l'aise la première fois qu'on voyait ces deux forêts et ces deux cavernes. Quand Javert riait, ce qui était rare et terrible, ses lèvres minces s'écartaient, et laissaient voir, non seulement ses dents, mais ses gencives, et il se faisait autour de son nez un plissement épaté[5] et sauvage comme sur un mufle de bête fauve. Javert sérieux était un dogue[6] ; lorsqu'il riait, c'était un tigre.

Cet homme était composé de deux sentiments très simples, et relativement très bons, mais qu'il faisait presque mauvais à force de les exagérer : le respect de l'autorité, la haine de la rébellion ; et à ses yeux le vol, le meurtre, tous les crimes, n'étaient que des formes de la rébellion. Il enveloppait dans une sorte de foi aveugle et profonde tout ce qui a une fonction dans l'État, depuis le premier ministre jusqu'au garde champêtre[7]. Il couvrait de mépris,

1. **Probité :** droiture, honnêteté.
2. **Bohèmes :** gens du voyage, dont faisait partie sa mère, diseuse de bonne aventure.
3. **Camard :** aplati.
4. **Favoris :** touffes de barbe qui descendent le long des joues, menton rasé.
5. **Épaté :** large et plat.
6. **Dogue :** race de chien de grande taille, impressionnant.
7. **Garde champêtre :** fonctionnaire en charge de la surveillance des zones rurales.

d'aversion[1] et de dégoût tout ce qui avait franchi une fois le seuil légal du mal. Il était absolu et n'admettait pas d'exceptions. Toute sa vie tenait dans ces deux mots : veiller et surveiller.

Tel était cet homme formidable.

Javert était comme un œil toujours fixé sur M. Madeleine. Œil plein de soupçon et de conjectures[2]. M. Madeleine avait fini par s'en apercevoir, mais il sembla que cela fût insignifiant pour lui. Il ne fit pas même une question à Javert, il ne le cherchait ni ne l'évitait, et il portait, sans paraître y faire attention, ce regard gênant et presque pesant. Il traitait Javert comme tout le monde, avec aisance et bonté.

1. **Aversion :** haine extrême.
2. **Conjectures :** hypothèses non vérifiées.

Chapitre 11

Héroïsme de M. Madeleine

M. Madeleine passait un matin dans une ruelle non pavée de Montreuil-sur-mer. Il entendit du bruit et vit un groupe à quelque distance. Il y alla. Un vieux homme[1], nommé le père Fauchelevent, venait de tomber sous sa charrette dont le cheval s'était abattu.

Le cheval avait les deux cuisses cassées et ne pouvait se relever. Le vieillard était engagé entre les roues. La chute avait été tellement malheureuse que toute la voiture pesait sur sa poitrine. La charrette était assez lourdement chargée. Le père Fauchelevent poussait des râles lamentables. On avait essayé de le tirer, mais en vain. Un effort désordonné, une aide maladroite, une secousse à faux[2] pouvaient l'achever. Il était impossible de le dégager autrement qu'en soulevant la voiture par-dessous. Javert, qui était survenu au moment de l'accident, avait envoyé chercher un cric[3].

M. Madeleine arriva. On s'écarta avec respect.

« À l'aide ! criait le vieux Fauchelevent. Qui est-ce qui est bon enfant pour sauver le vieux ? »

M. Madeleine se tourna vers les assistants :

« A-t-on un cric ?

1. **Vieux homme :** vieil homme. On emploie aujourd'hui l'adjectif « vieil » devant un mot qui commence par une voyelle ou un « h », ce qui n'était pas encore l'usage au XIXe siècle.
2. **Secousse à faux :** faux mouvement.
3. **Cric :** outil qui permet de soulever une charge lourde.

– On en est allé quérir[1] un, répondit un paysan.

– Dans combien de temps l'aura-t-on ?

– On est allé au plus près, au lieu Flachot, où il y a un maréchal[2] ; mais c'est égal, il faudra bien un bon quart d'heure.

– Un quart d'heure ! » s'écria Madeleine.

Il avait plu la veille, le sol était détrempé, la charrette s'enfonçait dans la terre à chaque instant et comprimait[3] de plus en plus la poitrine du vieux charretier. Il était évident qu'avant cinq minutes il aurait les côtes brisées.

« Il est impossible d'attendre un quart d'heure, dit Madeleine aux paysans qui regardaient.

– Il faut bien !

– Mais il ne sera plus temps ! Vous ne voyez donc pas que la charrette s'enfonce ?

– Dame[4] !

– Écoutez, reprit Madeleine, il y a encore assez de place sous la voiture pour qu'un homme s'y glisse et la soulève avec son dos. Rien qu'une demi-minute, et l'on tirera le pauvre homme. Y a-t-il ici quelqu'un qui ait des reins et du cœur[5] ? Cinq louis d'or[6] à gagner ! »

Personne ne bougea dans le groupe.

« Dix louis », dit Madeleine.

Les assistants baissaient les yeux. Un d'eux murmura :

1. **Quérir :** chercher.
2. **Maréchal :** artisan qui ferre les sabots des chevaux.
3. **Comprimait :** écrasait.
4. **Dame :** interjection exprimant l'acquiescement.
5. **Des reins et du cœur :** de la force et du courage.
6. **Louis d'or :** pièces d'or.

« Il faudrait être diablement fort. Et puis, on risque de se faire écraser !

– Allons ! recommença Madeleine, vingt louis ! » Même silence.

« Ce n'est pas la bonne volonté qui leur manque », dit une voix.

M. Madeleine se retourna, et reconnut Javert. Il ne l'avait pas aperçu en arrivant.

Javert continua :

« C'est la force. Il faudrait être un terrible homme pour faire la chose de lever une voiture comme cela sur son dos. »

Puis, regardant fixement M. Madeleine, il poursuivit en appuyant sur chacun des mots qu'il prononçait :

« Monsieur Madeleine, je n'ai jamais connu qu'un seul homme capable de faire ce que vous demandez là. »

Madeleine tressaillit.

Javert ajouta avec un air d'indifférence, mais sans quitter des yeux Madeleine :

« C'était un forçat.

– Ah ! dit Madeleine.

– Du bagne de Toulon. »

Madeleine devint pâle.

Cependant la charrette continuait à s'enfoncer lentement. Le père Fauchelevent râlait et hurlait :

« J'étouffe ! Ça me brise les côtes ! Un cric ! quelque chose ! Ah ! »

Madeleine regarda autour de lui.

« Il n'y a donc personne qui veuille gagner vingt louis et sauver la vie à ce pauvre vieux ? »

Aucun des assistants ne remua. Javert reprit :

« Je n'ai jamais connu qu'un homme qui pût remplacer un cric. C'était ce forçat.

– Ah ! voilà que ça m'écrase ! » cria le vieillard.

Madeleine leva la tête, rencontra l'œil de faucon de Javert toujours attaché sur lui, regarda les paysans immobiles, et sourit tristement. Puis, sans dire une parole, il tomba à genoux, et avant même que la foule eût eu le temps de jeter un cri, il était sous la voiture.

On vit Madeleine presque à plat ventre sous ce poids effrayant essayer deux fois en vain de rapprocher ses coudes de ses genoux. On lui cria : « Père Madeleine ! retirez-vous de là ! » – Le vieux Fauchelevent lui-même lui dit : « Monsieur Madeleine ! allez-vous-en ! C'est qu'il faut que je meure, voyez-vous ! Laissez-moi ! Vous allez vous faire écraser aussi ! » – Madeleine ne répondit pas.

Les roues avaient continué de s'enfoncer, et il était déjà devenu presque impossible que Madeleine sortît de dessous la voiture.

Tout à coup on vit l'énorme masse s'ébranler[1], la charrette se soulevait lentement, les roues sortaient à demi de l'ornière[2]. On entendit une voix étouffée qui criait : « Dépêchez-vous ! aidez ! » C'était Madeleine qui venait de faire un dernier effort.

Ils se précipitèrent. Le dévouement d'un seul avait donné de la force et du courage à tous. La charrette fut enlevée par vingt bras. Le vieux Fauchelevent était sauvé.

Madeleine se releva. Il était blême, quoique ruisselant de sueur. Ses habits étaient déchirés et couverts de boue. Tous pleuraient. Le vieillard lui baisait les genoux et l'appelait le bon Dieu. Lui, il avait

1. **S'ébranler :** se mettre péniblement en mouvement.
2. **Ornière :** trace creusée par les roues d'un véhicule dans le sol.

sur le visage je ne sais quelle expression de souffrance heureuse et céleste, et il fixait son œil tranquille sur Javert qui le regardait toujours.

Fantine a obtenu un poste dans l'atelier de l'usine de M. Madeleine, et gagne désormais sa vie. Mais un an plus tard, elle est renvoyée du jour au lendemain par Mme Victurnien, la surveillante de l'atelier, qui a découvert qu'elle avait un enfant hors mariage. Celle-ci prétend que M. Madeleine est au courant de son renvoi et qu'il approuve pleinement cette décision. Désormais sans revenus, Fantine doit trouver un moyen de subvenir à ses besoins.

Chapitre 12

Fantine se sacrifie pour sa fille

Elle avait été congédiée[1] vers la fin de l'hiver ; l'été se passa, mais l'hiver revint.

Fantine gagnait trop peu. Ses dettes avaient grossi. Les Thénardier, mal payés, lui écrivaient à chaque instant des lettres dont le contenu la désolait et dont le port[2] la ruinait. Un jour ils lui écrivirent que sa petite Cosette était toute nue par le froid qu'il faisait, qu'elle avait besoin d'une jupe de laine, et qu'il fallait au moins que la mère envoyât dix francs pour cela. Elle reçut la lettre, et la froissa dans ses mains tout le jour. Le soir elle entra chez un barbier qui habitait le coin de la rue, et défit son peigne.

1. **Congédiée :** renvoyée.
2. **Port :** envoi (des lettres).

Ses admirables cheveux blonds lui tombèrent jusqu'aux reins.

« Les beaux cheveux ! s'écria le barbier.

– Combien m'en donneriez-vous ? dit-elle.

– Dix francs.

– Coupez-les. »

Elle acheta une jupe de tricot et l'envoya aux Thénardier.

Cette jupe fit les Thénardier furieux. C'était de l'argent qu'ils voulaient. Ils donnèrent la jupe à Éponine. La pauvre Alouette continua de frissonner.

Fantine pensa : « Mon enfant n'a plus froid. Je l'ai habillée de mes cheveux. » – Elle mettait de petits bonnets ronds qui cachaient sa tête tondue et avec lesquels elle était encore jolie.

Un jour elle reçut des Thénardier une lettre ainsi conçue.

« Cosette est malade d'une maladie qui est dans le pays. Une fièvre miliaire[1], qu'ils appellent. Il faut des drogues[2] chères. Cela nous ruine et nous ne pouvons plus payer. Si vous ne nous envoyez pas quarante francs avant huit jours, la petite est morte. »

Comme elle passait sur la place, elle vit beaucoup de monde qui entourait une voiture de forme bizarre, sur l'impériale[3] de laquelle pérorait[4] tout debout un homme vêtu de rouge. C'était un bateleur[5] dentiste en tournée, qui offrait au public des râteliers[6] complets, des opiats, des poudres et des élixirs[7].

1. **Fièvre miliaire :** maladie qui provoque des boutons semblables à des grains de mil (une céréale).
2. **Drogues :** médicaments.
3. **Impériale :** toit de la voiture.
4. **Pérorait :** parlait beaucoup et fort.
5. **Bateleur :** personne qui fait des tours dans des foires.
6. **Râteliers :** dentiers.
7. **Opiats, [...] poudres, [...] élixirs :** médicaments.

Fantine se mêla au groupe et se mit à rire comme les autres de cette harangue[1] où il y avait de l'argot[2] pour la canaille[3] et du jargon[4] pour les gens comme il faut. L'arracheur de dents vit cette belle fille qui riait, et s'écria tout à coup : « Vous avez de jolies dents, la fille qui riez là. Si vous voulez me vendre vos deux palettes, je vous donne de chaque un napoléon d'or[5].

– Qu'est-ce que c'est que ça, mes palettes ? demanda Fantine.

– Les palettes, reprit le professeur dentiste, c'est les dents de devant, les deux d'en haut.

– Quelle horreur ! s'écria Fantine.

– Deux napoléons ! grommela une vieille édentée[6] qui était là. Qu'en voilà une qui est heureuse ! »

Fantine s'enfuit, et se boucha les oreilles pour ne pas entendre la voix enrouée de l'homme qui lui criait : « Réfléchissez, la belle ! deux napoléons, ça peut servir. Si le cœur vous en dit, venez ce soir à l'auberge du *Tillac d'argent*, vous m'y trouverez. »

Fantine rentra, elle était furieuse et conta la chose à sa bonne voisine Marguerite.

Au bout d'un quart d'heure, elle quitta sa couture et alla relire la lettre des Thénardier sur l'escalier.

Le soir elle descendit, et on la vit qui se dirigeait du côté de la rue de Paris où sont les auberges.

1. **Harangue :** discours fait devant un public.
2. **Argot :** langage populaire.
3. **Canaille :** bas peuple.
4. **Jargon :** langage technique, spécialisé.
5. **Napoléon d'or :** pièce d'or.
6. **Édentée :** qui n'a plus de dents.

Un extrait du film

Fantine (Anne Hathaway) dans *Les Misérables*, film de Tom Hooper, 2012.

Le lendemain matin, comme Marguerite entrait dans la chambre de Fantine avant le jour, car elles travaillaient toujours ensemble et de cette façon n'allumaient qu'une chandelle pour deux, elle trouva Fantine assise sur son lit, pâle, glacée. Elle ne s'était pas couchée. Son bonnet était tombé sur ses genoux. La chandelle avait brûlé toute la nuit et était presque entièrement consumée.

Marguerite s'arrêta sur le seuil, pétrifiée de cet énorme désordre, et s'écria :

« Seigneur ! la chandelle qui est toute brûlée ! il s'est passé des événements ! »

Puis elle regarda Fantine qui tournait vers elle sa tête sans cheveux.

Fantine depuis la veille avait vieilli de dix ans.

« Jésus ! fit Marguerite, qu'est-ce que vous avez, Fantine ?

– Je n'ai rien, répondit Fantine. Au contraire. Mon enfant ne mourra pas de cette affreuse maladie, faute de secours. Je suis contente. »

En parlant ainsi, elle montrait à la vieille fille deux napoléons qui brillaient sur la table.

« Ah, Jésus Dieu ! dit Marguerite. Mais c'est une fortune ! Où avez-vous eu ces louis d'or ?

– Je les ai eus, répondit Fantine. »

En même temps elle sourit. La chandelle éclairait son visage. C'était un sourire sanglant. Une salive rougeâtre lui souillait le coin des lèvres, et elle avait un trou noir dans la bouche.

Les deux dents étaient arrachées.

Elle envoya les quarante francs à Montfermeil.

Du reste c'était une ruse des Thénardier pour avoir de l'argent. Cosette n'était pas malade.

Fantine jeta son miroir par la fenêtre. Depuis longtemps elle avait quitté sa cellule du second pour une mansarde[1] fermée d'un loquet sous le toit. Elle n'avait plus de lit, il lui restait une loque qu'elle appelait sa couverture, un matelas à terre et une chaise dépaillée. Elle passait des nuits à pleurer et à songer.

1. **Mansarde :** pièce aménagée sous les toits.

Elle avait les yeux très brillants, et elle sentait une douleur fixe dans l'épaule, vers le haut de l'omoplate gauche. Elle toussait beaucoup. Elle haïssait profondément le père Madeleine, et ne se plaignait pas. Elle cousait dix-sept heures par jour. Dix-sept heures de travail, et neuf sous par jour ! Vers le même temps, le Thénardier lui écrivit que décidément il avait attendu avec beaucoup trop de bonté, et qu'il lui fallait cent francs, tout de suite ; sinon qu'il mettrait à la porte la petite Cosette, toute convalescente de sa grande maladie, par le froid, par les chemins, et qu'elle deviendrait ce qu'elle pourrait, et qu'elle crèverait, si elle voulait. « Cent francs, songea Fantine ! Mais où y a-t-il un état à gagner cent sous par jour ? »

« Allons ! dit-elle, vendons le reste. »

L'infortunée se fit fille publique[1].

À la suite d'une altercation avec un bourgeois qui lui a manqué de respect, Fantine est emmenée au poste de police par Javert. Au moment où l'inspecteur la condamne à six mois de prison, M. Madeleine prend sa défense et ordonne à Javert de la libérer sur-le-champ. Fantine ne comprend pas pourquoi l'homme qui l'a licenciée lui vient en aide ; elle s'évanouit sous le coup de l'émotion et est transportée à l'infirmerie. Malheureusement, son état de santé se dégrade ; seule la présence de son enfant peut la sauver. M. Madeleine lui assure que jamais il n'a eu connaissance de sa triste histoire, et il lui promet d'aller chercher Cosette chez les Thénardier. Hélas, un fâcheux contretemps l'empêche d'accomplir sa promesse. À Arras, un homme nommé Champmathieu a été arrêté par la police : on l'accuse d'être Jean Valjean, un ancien forçat. Javert, qui a cru voir en M. Madeleine ce célèbre bagnard, vient alors faire

1. **Fille publique :** prostituée.

part au maire de son repentir. Pourtant, l'inspecteur a deviné juste : M. Madeleine et Jean Valjean ne font qu'un ! Que faire ? S'il ne dit rien, Jean Valjean condamne un innocent ; s'il révèle sa véritable identité, il sera renvoyé au bagne…

Chapitre 13

Une tempête sous un crâne

« Où en suis-je ? – Est-ce que je ne rêve pas ? – Que m'a-t-on dit ? – Est-il bien vrai que j'aie vu ce Javert et qu'il m'ait parlé ainsi ? – Que peut être ce Champmathieu ? – Il me ressemble donc ? – Est-ce possible ? – Quand je pense qu'hier j'étais si tranquille et si loin de me douter de rien ! – Qu'est-ce que je faisais donc hier à pareille heure ? – Qu'y a-t-il dans cet incident ? – Comment se dénouera-t-il ? – Que faire ? »

Voilà dans quelle tourmente il était. Son cerveau avait perdu la force de retenir ses idées, elles passaient comme des ondes, et il prenait son front dans ses deux mains pour les arrêter.

De ce tumulte qui bouleversait sa volonté et sa raison, et dont il cherchait à tirer une évidence et une résolution, rien ne se dégageait que l'angoisse.

Sa tête était brûlante. Il alla à la fenêtre et l'ouvrit toute grande. Il n'y avait pas d'étoiles au ciel. Il revint s'asseoir près de la table.

« Eh bien quoi ! se dit-il, de quoi est-ce que j'ai peur ? qu'est-ce que j'ai à songer comme cela ? Me voilà sauvé. Tout est fini. Je n'avais plus qu'une porte entr'ouverte par laquelle mon passé pouvait faire irruption dans ma vie ; cette porte, la voilà murée[1] ! à jamais ! Ce Javert qui me trouble depuis si longtemps, ce redoutable instinct qui semblait m'avoir deviné, qui m'avait deviné, pardieu ! et qui me suivait partout, cet affreux chien de chasse toujours en arrêt sur moi, le voilà dérouté, occupé ailleurs, absolument dépisté[2] ! Il est satisfait désormais, il me laissera tranquille, il tient son Jean Valjean ! Qui sait même, il est probable qu'il voudra quitter la ville ! Et tout cela s'est fait sans moi ! Et je n'y suis pour rien ! Ah çà, mais ! qu'est-ce qu'il y a de malheureux dans ceci ? Des gens qui me verraient, parole d'honneur ! croiraient qu'il m'est arrivé une catastrophe ! Après tout, s'il y a du mal pour quelqu'un, ce n'est aucunement de ma faute. C'est la providence[3] qui a tout fait. C'est qu'elle veut cela apparemment. Ai-je le droit de déranger ce qu'elle arrange ? Qu'est-ce que je demande à présent ? De quoi est-ce que je vais me mêler ? Cela ne me regarde pas. Comment ! je ne suis pas content ! Mais qu'est-ce qu'il me faut donc ? Le but auquel j'aspire depuis tant d'années, le songe de mes nuits, l'objet de mes prières au ciel, la sécurité, je l'atteins ! C'est Dieu qui le veut. Je n'ai rien à faire contre la volonté de Dieu. Et pourquoi Dieu le veut-il ? Pour que je continue ce que j'ai commencé, pour que je fasse le bien, pour que je sois un jour un grand et encourageant exemple, pour qu'il soit dit qu'il y a eu enfin un peu de bonheur attaché à cette pénitence[4] que j'ai subie et à cette vertu[5] où je

1. **Murée :** fermée.
2. **Dépisté :** détourné de son chemin initial.
3. **Providence :** puissance supérieure qui veille au destin des hommes dans les croyances chrétiennes.
4. **Pénitence :** peine imposée par l'Église pour se faire pardonner ses péchés.
5. **Vertu :** caractère de ce qui est bon, honnête, juste.

suis revenu ! Vraiment je ne comprends pas pourquoi j'ai eu peur tantôt d'entrer chez ce brave curé et de tout lui raconter comme à un confesseur, et de lui demander conseil, c'est évidemment là ce qu'il m'aurait dit. C'est décidé, laissons aller les choses ! laissons faire le bon Dieu ! »

Il se parlait ainsi dans les profondeurs de sa conscience, penché sur ce qu'on pourrait appeler son propre abîme. Il se leva de sa chaise, et se mit à marcher dans la chambre. « Allons, dit-il, n'y pensons plus. Voilà une résolution prise ! » – Mais il ne sentit aucune joie.

Au contraire.

Pour la première fois depuis huit années, le malheureux homme venait de sentir la saveur amère d'une mauvaise pensée et d'une mauvaise action.

Il la recracha avec dégoût.

Il continua de se questionner. Il se demanda sévèrement ce qu'il avait entendu par ceci : « Mon but est atteint ! » Il se déclara que sa vie avait un but en effet. Mais quel but ? cacher son nom ? tromper la police ? Était-ce pour une chose si petite qu'il avait fait tout ce qu'il avait fait ? Est-ce qu'il n'avait pas un autre but, qui était le grand, qui était le vrai ? Sauver, non sa personne, mais son âme. Redevenir honnête et bon. Être un juste ! est-ce que ce n'était pas là surtout, là uniquement, ce qu'il avait toujours voulu, ce que l'évêque lui avait ordonné ? – Fermer la porte à son passé ? Mais il ne la fermait pas, grand Dieu ! il la rouvrait en faisant une action infâme ! mais il redevenait un voleur, et le plus odieux des voleurs ! il volait à un autre son existence, sa vie, sa paix, sa place au soleil ! il devenait un assassin ! il tuait, il tuait moralement un misérable homme, il lui infligeait cette affreuse mort vivante, cette mort à ciel ouvert, qu'on appelle le bagne ! Au contraire, se livrer, sauver cet homme frappé d'une si lugubre[1] erreur, reprendre son nom, redevenir par devoir le forçat Jean Valjean, c'était là vraiment achever sa résurrection, et fermer à jamais l'enfer d'où il sortait ! Y retomber en apparence, c'était en sortir en réalité ! Il fallait faire cela ! il n'avait rien fait s'il ne faisait pas cela ! toute sa vie était inutile, toute sa pénitence était perdue, et il n'y avait plus qu'à dire : à quoi bon ? Il sentait que l'évêque était là, que l'évêque était d'autant plus présent qu'il était mort, que l'évêque le regardait fixement, que désormais le maire Madeleine avec toutes ses vertus lui serait abominable, et que le galérien Jean Valjean serait admirable et pur devant lui. Que les hommes voyaient son masque, mais que l'évêque voyait sa face. Que les hommes voyaient sa vie, mais que l'évêque voyait sa conscience. Il fallait donc aller à Arras, délivrer le faux Jean Valjean, dénoncer le véritable ! Hélas ! c'était là le plus grand des sacrifices, la plus poignante des victoires, le dernier pas à franchir ; mais il le fallait. Douloureuse destinée ! il n'entrerait dans la sainteté aux yeux de Dieu que s'il rentrait dans l'infamie[2] aux yeux des hommes !

« Eh bien, dit-il, prenons ce parti ! faisons notre devoir ! sauvons cet homme ! »

Jean Valjean fait tout son possible pour se rendre à Arras afin d'assister au procès de l'accusé. Alors que la cour s'apprête à condamner Champmathieu, il pénètre dans la salle d'audience et se présente comme le véritable Jean Valjean. Il quitte ensuite le tribunal, indiquant se tenir à disposition de la justice et de la police. Le lendemain, il retourne au chevet de Fantine, veillée par la sœur Simplice. Celle-ci

1. **Lugubre :** mortelle.
2. **Infamie :** honte, rejet provoqué par le mépris.

est stupéfaite de découvrir qu'en un jour seulement, les cheveux de M. le maire sont devenus tout blancs! Jean Valjean est tourmenté: comment avouer à Fantine qu'il revient de son voyage sans la petite Cosette? Assis au chevet de la jeune femme, il est plongé dans de sombres pensées lorsque Javert surgit sur le pas de la porte.

Chapitre 14

La mort de Fantine

Fantine n'avait point vu Javert depuis le jour où M. le maire l'avait arrachée à cet homme. Son cerveau malade ne se rendit compte de rien, seulement elle ne douta pas qu'il ne revînt la chercher. Elle ne put supporter cette figure affreuse, elle se sentit expirer[1], elle cacha son visage de ses deux mains et cria avec angoisse:

«Monsieur Madeleine, sauvez-moi!»

Jean Valjean, – nous ne le nommerons plus désormais autrement, – s'était levé. Il dit à Fantine de sa voix la plus douce et la plus calme:

«Soyez tranquille. Ce n'est pas pour vous qu'il vient.»

Puis il s'adressa à Javert et lui dit:

«Je sais ce que vous voulez.»

Javert répondit:

«Allons, vite!»

1. **Expirer:** mourir.

Au cri de Javert, Fantine avait rouvert les yeux. Mais M. le maire était là. Que pouvait-elle craindre ?

Javert avança au milieu de la chambre et cria :

« Ah çà ! viendras-tu ? »

La malheureuse regarda autour d'elle. Il n'y avait personne que la religieuse et monsieur le maire. À qui pouvait s'adresser ce tutoiement abject ? À elle seulement. Elle frissonna.

Alors elle vit une chose inouïe[1], tellement inouïe que jamais rien de pareil ne lui était apparu dans les plus noirs délires de la fièvre.

Elle vit le mouchard[2] Javert saisir au collet monsieur le maire ; elle vit monsieur le maire courber la tête. Il lui sembla que le monde s'évanouissait.

Javert, en effet, avait pris Jean Valjean au collet.

« Monsieur le maire ! » cria Fantine.

Javert éclata de rire, de cet affreux rire qui lui déchaussait toutes les dents.

« Il n'y a plus de monsieur le maire ici ! »

Jean Valjean n'essaya pas de déranger la main qui tenait le col de sa redingote. Il dit :

« Javert... »

Javert l'interrompit : « Appelle-moi monsieur l'inspecteur.

– Monsieur, reprit Jean Valjean, je voudrais vous dire un mot en particulier.

– Tout haut ! parle tout haut ! répondit Javert ; on me parle tout haut à moi ! »

1. **Inouïe :** incroyable, inattendue.
2. **Mouchard :** espion de la police.

Jean Valjean continua en baissant la voix :

« C'est une prière que j'ai à vous faire...

– Je te dis de parler tout haut.

– Mais cela ne doit être entendu que de vous seul...

– Qu'est-ce que cela me fait ? je n'écoute pas ! »

Jean Valjean se tourna vers lui et lui dit rapidement et très bas :

« Accordez-moi trois jours ! trois jours pour aller chercher l'enfant de cette malheureuse femme ! Je payerai ce qu'il faudra. Vous m'accompagnerez si vous voulez.

– Tu veux rire ! cria Javert. Ah çà ! je ne te croyais pas bête ! Tu me demandes trois jours pour t'en aller ! Tu dis que c'est pour aller chercher l'enfant de cette fille ! Ah ! ah ! c'est bon ! voilà qui est bon ! »

Fantine eut un tremblement.

« Mon enfant ! s'écria-t-elle, aller chercher mon enfant ! Elle n'est donc pas ici ! Ma sœur, répondez-moi, où est Cosette ? Je veux mon enfant ! Monsieur Madeleine ! monsieur le maire ! »

Javert frappa du pied.

« Voilà l'autre, à présent ! Te tairas-tu, drôlesse[1] ! Gredin de pays où les galériens sont magistrats et où les filles publiques sont soignées comme des comtesses ! Ah mais ! tout ça va changer ; il était temps ! »

Il regarda fixement Fantine et ajouta en reprenant à poignée la cravate, la chemise et le collet de Jean Valjean :

1. **Drôlesse :** femme de mauvaise vie.

« Je te dis qu'il n'y a point de monsieur Madeleine et qu'il n'y a point de monsieur le maire. Il y a un voleur, il y a un brigand, il y a un forçat appelé Jean Valjean ! c'est lui que je tiens ! voilà ce qu'il y a ! »

Fantine se dressa en sursaut, appuyée sur ses bras roides[1] et sur ses deux mains, elle regarda Jean Valjean, elle regarda Javert, elle regarda la religieuse, elle ouvrit la bouche comme pour parler, un râle sortit du fond de sa gorge, ses dents claquèrent, elle étendit les bras avec angoisse, ouvrant convulsivement[2] les mains, et cherchant autour d'elle comme quelqu'un qui se noie, puis elle s'affaissa subitement sur l'oreiller. Sa tête heurta le chevet du lit et vint retomber sur sa poitrine, la bouche béante, les yeux ouverts et éteints.

Elle était morte.

Jean Valjean posa sa main sur la main de Javert qui le tenait, et l'ouvrit comme il eût ouvert la main d'un enfant, puis il dit à Javert :

« Vous avez tué cette femme.

– Finirons-nous ! cria Javert furieux. Je ne suis pas ici pour entendre des raisons. Économisons tout ça. La garde[3] est en bas. Marchons tout de suite, ou les poucettes[4] ! »

Il y avait dans un coin de la chambre un vieux lit en fer en assez mauvais état qui servait de lit de camp aux sœurs quand elles veillaient. Jean Valjean alla à ce lit, disloqua en un clin d'œil le chevet déjà fort délabré, chose facile à des muscles comme les

1. **Roides :** raides.
2. **Convulsivement :** avec des contractions continues du corps.
3. **La garde :** les soldats.
4. **Poucettes :** menottes.

siens, saisit à poigne-main[1] la maîtresse-tringle[2], et considéra Javert. Javert recula vers la porte.

Jean Valjean, sa barre de fer au poing, marcha lentement vers le lit de Fantine. Quand il y fut parvenu, il se retourna, et dit à Javert d'une voix qu'on entendait à peine :

« Je ne vous conseille pas de me déranger en ce moment. »

Ce qui est certain, c'est que Javert tremblait.

Jean Valjean posa son coude sur la pomme[3] du chevet du lit et son front sur sa main, et se mit à contempler Fantine immobile et étendue. Il demeura ainsi, absorbé, muet, et ne songeant évidemment plus à aucune chose de cette vie. Il n'y avait plus rien sur son visage et dans son attitude qu'une inexprimable pitié. Après quelques instants de cette rêverie, il se pencha vers Fantine et lui parla à voix basse.

Que lui dit-il ? Que pouvait dire cet homme qui était réprouvé[4] à cette femme qui était morte ? Qu'était-ce que ces paroles ? Personne sur la terre ne les a entendues. La morte les entendit-elle ? Ce qui est hors de doute, c'est que la sœur Simplice, unique témoin de la chose qui se passait, a souvent raconté qu'au moment où Jean Valjean parla à l'oreille de Fantine, elle vit distinctement poindre[5] un ineffable[6] sourire sur ces lèvres pâles et dans ces prunelles vagues, pleines de l'étonnement du tombeau.

1. **Poigne-main :** pleine main.
2. **Maîtresse-tringle :** principale tige en métal qui soutient la tête de lit.
3. **Pomme :** ici, forme arrondie.
4. **Réprouvé :** rejeté.
5. **Poindre :** apparaître.
6. **Ineffable :** indescriptible.

Jean Valjean prit dans ses deux mains la tête de Fantine et l'arrangea sur l'oreiller comme une mère eût fait pour son enfant, il lui rattacha le cordon de sa chemise et rentra ses cheveux sous son bonnet. Cela fait, il lui ferma les yeux.

La face de Fantine en cet instant semblait étrangement éclairée.

La mort, c'est l'entrée dans la grande lueur.

La main de Fantine pendait hors du lit. Jean Valjean s'agenouilla devant cette main, la souleva doucement, et la baisa.

Puis il se redressa, et, se tournant vers Javert :

« Maintenant, dit-il, je suis à vous. »

Cosette (Isabelle Allen) dans *Les Misérables*,
film de Tom Hooper, 2012.

Partie 2 lue en intégralité

Partie 2

Cosette

*À la suite de son arrestation, Jean Valjean est condamné aux travaux forcés jusqu'à la fin de sa vie, au bagne de Toulon. Il lui est désormais impossible de tenir la promesse qu'il a faite à Fantine sur son lit de mort. Quelques mois plus tard, le 17 novembre 1823, les journaux rapportent un curieux événement : un forçat qui travaillait sur l'*Orion*, un vaisseau de guerre, est tombé à la mer en voulant aider un matelot en mauvaise posture. Ce forçat portait le numéro 9430 et se nommait Jean Valjean. Son corps n'ayant pas été retrouvé, il est déclaré mort.*
Pendant ce temps, à Montfermeil, la petite Cosette vit une existence bien malheureuse. Elle est devenue la servante du terrible couple d'aubergistes, les Thénardier.

Chapitre 1

Portrait des Thénardier

On n'a encore aperçu dans ce livre les Thénardier que de profil ; le moment est venu de tourner autour de ce couple et de le regarder sous toutes ses faces.

Thénardier venait de dépasser ses cinquante ans ; madame Thénardier touchait à la quarantaine, qui est la cinquantaine de la femme.

Madame Thénardier tenait de la race de ces sauvagesses colosses[1] qui se cambrent dans les foires avec des pavés pendus à leur chevelure. Elle faisait tout dans le logis, les lits, les chambres, la lessive, la cuisine, la pluie, le beau temps, le diable. Elle avait pour tout domestique Cosette ; une souris au service d'un éléphant. Tout tremblait au son de sa voix, les vitres, les meubles et les gens.

1. **Colosses :** géantes. Au XIXe siècle, des personnes au physique exceptionnel (pour leur taille, leur difformité, etc.) étaient exposées dans les foires ou les cirques.

Gustave Brion, *Les Thénardier*, 1862,
gravure, maisons de Victor Hugo, Paris-Guernesey.

Son large visage, criblé[1] de taches de rousseur, avait l'aspect d'une écumoire. Elle avait de la barbe. Elle jurait splendidement ; elle se vantait de casser une noix d'un coup de poing. Sans les romans qu'elle avait lus, et qui, par moments, faisaient bizarrement reparaître la mijaurée[2] sous l'ogresse, jamais l'idée ne fût venue à personne de dire d'elle : c'est une femme. Cette Thénardier était comme le produit de la greffe d'une donzelle[3] sur une poissarde[4]. Quand on l'entendait parler, on disait : « C'est un gendarme » ; quand on la regardait boire, on disait : « C'est un charretier[5] » ; quand on la voyait manier Cosette, on disait : « C'est le bourreau ». Au repos, il lui sortait de la bouche une dent.

Le Thénardier était un homme petit, maigre, blême, anguleux[6], osseux, chétif[7], qui avait l'air malade et qui se portait à merveille ; sa fourberie[8] commençait là. Il souriait habituellement par précaution, et était poli à peu près avec tout le monde, même avec le mendiant auquel il refusait un liard[9]. Il avait le regard d'une fouine et la mine d'un homme de lettres. Sa coquetterie consistait à boire avec les rouliers[10]. Personne n'avait jamais pu le griser[11]. Il fumait dans une grosse pipe. Il portait une blouse et sous sa blouse un vieil habit noir.

1. **Criblé :** couvert.
2. **Mijaurée :** femme ridicule par ses manières.
3. **Donzelle :** jeune fille prétentieuse (familier).
4. **Poissarde :** femme du peuple grossière.
5. **Charretier :** en référence à l'expression « jurer comme un charretier », de façon grossière.
6. **Anguleux :** dont les traits du visage sont marqués.
7. **Chétif :** maigre, à l'apparence fragile.
8. **Fourberie :** caractère sournois, hypocrite.
9. **Liard :** ancienne monnaie sans grande valeur.
10. **Rouliers :** personnes chargées du transport de marchandises.
11. **Griser :** rendre ivre.

Thénardier, par-dessus tout, homme d'astuce et d'équilibre, était un coquin du genre tempéré. Cette espèce est la pire.

Cet homme et cette femme, c'était ruse et rage mariés ensemble, attelage[1] hideux et terrible.

Pendant que le mari ruminait et combinait[2], la Thénardier, elle, ne pensait pas aux créanciers[3] absents, n'avait souci d'hier ni de demain, et vivait avec emportement, toute dans la minute.

Tels étaient ces deux êtres. Cosette était entre eux, subissant leur double pression, comme une créature qui serait à la fois broyée par une meule[4] et déchiquetée par une tenaille[5]. L'homme et la femme avaient chacun une manière différente ; Cosette était rouée de coups, cela venait de la femme ; elle allait pieds nus l'hiver, cela venait du mari.

Cosette montait, descendait, lavait, brossait, frottait, balayait, courait, trimait, haletait, remuait des choses lourdes, et, toute chétive, faisait les grosses besognes. Nulle pitié ; une maîtresse farouche, un maître venimeux. La gargote Thénardier était comme une toile où Cosette était prise et tremblait. C'était quelque chose comme la mouche servante des araignées.

La pauvre enfant, passive, se taisait.

Un soir de Noël, Mme Thénardier envoie Cosette chercher de l'eau à l'autre bout de la ville, dans un bois sombre.

1. **Attelage :** ici, assemblage.
2. **Combinait :** élaborait des plans sournois, des combines.
3. **Créanciers :** personnes à qui on doit de l'argent.
4. **Meule :** outil servant à écraser.
5. **Tenaille :** outil servant à couper, arracher.

Chapitre 2

Cosette toute seule dans la nuit

La pauvre enfant se trouva dans l'obscurité. Elle s'y enfonça. Seulement, comme une certaine émotion la gagnait, tout en marchant elle agitait le plus qu'elle pouvait l'anse du seau. Cela faisait un bruit qui lui tenait compagnie.

Plus elle cheminait, plus les ténèbres devenaient épaisses.

Elle allait devant elle, éperdue[1].

Tout en courant, elle avait envie de pleurer.

Le frémissement nocturne de la forêt l'enveloppait tout entière. Elle ne pensait plus, elle ne voyait plus. L'immense nuit faisait face à ce petit être.

Il n'y avait que sept ou huit minutes de la lisière du bois à la source. Cosette connaissait le chemin pour l'avoir fait bien souvent le jour. Chose étrange, elle ne se perdit pas. Un reste d'instinct la conduisait vaguement. Elle ne jetait cependant les yeux ni à droite ni à gauche, de crainte de voir des choses dans les branches et dans les broussailles. Elle arriva ainsi à la source.

Cosette ne prit pas le temps de respirer. Il faisait très noir, mais elle avait l'habitude de venir à cette fontaine. Elle chercha de la main gauche dans l'obscurité un jeune chêne incliné sur la source qui lui servait ordinairement de point d'appui, rencontra une branche, s'y suspendit, se pencha et plongea le seau dans l'eau. Pendant qu'elle était ainsi penchée, elle ne fit pas attention que la poche de son tablier se vidait dans la source. La pièce de

1. **Éperdue :** égarée (ici, au sens figuré).

quinze sous tomba dans l'eau. Cosette ne la vit ni ne l'entendit tomber. Elle retira le seau presque plein et le posa sur l'herbe.

Cela fait, elle s'aperçut qu'elle était épuisée de lassitude. Elle fut bien forcée de s'asseoir. Elle se laissa tomber sur l'herbe et y demeura accroupie.

Elle sentit le froid à ses mains qu'elle avait mouillées en puisant de l'eau. Elle se leva. La peur lui était revenue, une peur naturelle et insurmontable. Elle n'eut plus qu'une pensée, s'enfuir ; s'enfuir à toutes jambes, à travers bois, à travers champs, jusqu'aux maisons, jusqu'aux fenêtres, jusqu'aux chandelles allumées. Son regard tomba sur le seau qui était devant elle. Tel était l'effroi que lui inspirait la Thénardier qu'elle n'osa pas s'enfuir sans le seau d'eau. Elle saisit l'anse à deux mains. Elle eut de la peine à soulever le seau.

Elle fit ainsi une douzaine de pas, mais le seau était plein, il était

François Pompon, *Cosette*, 1888, sculpture en bronze, maisons de Victor Hugo, Paris-Guernesey.

lourd, elle fut forcée de le reposer à terre. Elle respira un instant, puis elle enleva l'anse de nouveau, et se remit à marcher, cette fois un peu plus longtemps. Mais il fallut s'arrêter encore. Après quelques secondes de repos, elle repartit. Elle marchait penchée en avant, la tête baissée, comme une vieille ; le poids du seau tendait et roidissait[1] ses bras maigres ; l'anse de fer achevait d'engourdir et de geler ses petites mains mouillées ; de temps en temps elle était forcée de s'arrêter, et chaque fois qu'elle s'arrêtait l'eau froide qui débordait du seau tombait sur ses jambes nues. Cela se passait au fond d'un bois, la nuit, en hiver, loin de tout regard humain ; c'était un enfant de huit ans.

Cependant elle ne pouvait pas faire beaucoup de chemin de la sorte, et elle allait bien lentement. Elle avait beau diminuer la durée des stations[2] et marcher entre chaque le plus longtemps possible, elle pensait avec angoisse qu'il lui faudrait plus d'une heure pour retourner ainsi à Montfermeil et que la Thénardier la battrait. Cette angoisse se mêlait à son épouvante d'être seule dans le bois la nuit. Elle était harassée[3] de fatigue et n'était pas encore sortie de la forêt. Parvenue près d'un vieux châtaignier qu'elle connaissait, elle fit une dernière halte plus longue que les autres pour se bien reposer, puis elle rassembla toutes ses forces, reprit le seau et se remit à marcher courageusement. Cependant le pauvre petit être désespéré ne put s'empêcher de s'écrier : « Ô mon Dieu ! mon Dieu ! »

En ce moment, elle sentit tout à coup que le seau ne pesait plus rien. Une main, qui lui parut énorme, venait de saisir l'anse

1. **Roidissait :** raidissait, durcissait.
2. **Stations :** arrêts, pauses.
3. **Harassée :** épuisée.

et la soulevait vigoureusement. Elle leva la tête. Une grande forme noire, droite et debout, marchait auprès d'elle dans l'obscurité. C'était un homme qui était arrivé derrière elle et qu'elle n'avait pas entendu venir. Cet homme, sans dire un mot, avait empoigné l'anse du seau qu'elle portait.

Il y a des instincts pour toutes les rencontres de la vie. L'enfant n'eut pas peur.

Chapitre 3

Une mystérieuse rencontre

Cosette, nous l'avons dit, n'avait pas eu peur.

L'homme lui adressa la parole. Il parlait d'une voix grave et presque basse.

« Mon enfant, c'est bien lourd pour vous ce que vous portez là. »

Cosette leva la tête et répondit :

« Oui, monsieur.

– Donnez, reprit l'homme. Je vais vous le porter. »

Cosette lâcha le seau. L'homme se mit à cheminer près d'elle.

« C'est très lourd en effet », dit-il entre ses dents. Puis il ajouta :

« Petite, quel âge as-tu ?

– Huit ans, monsieur.

– Et viens-tu de loin comme cela ?

– De la source qui est dans le bois.

– Et est-ce loin où tu vas ?

– À un bon quart d'heure d'ici. »

Jean Geoffroy, *Jean Valjean et Cosette*, illustration pour *Les Misérables*, vers 1879.

L'homme resta un moment sans parler, puis il dit brusquement :

« Tu n'as donc pas de mère ?

– Je ne sais pas », répondit l'enfant.

Avant que l'homme eût eu le temps de reprendre la parole, elle ajouta :

« Je ne crois pas. Les autres en ont. Moi, je n'en ai pas. »

Et après un silence, elle reprit :

« Je crois que je n'en ai jamais eu. »

L'homme s'arrêta, il posa le seau à terre, se pencha et mit ses deux mains sur les deux épaules de l'enfant, faisant effort pour la regarder et voir son visage dans l'obscurité.

La figure maigre et chétive de Cosette se dessinait vaguement à la lueur livide[1] du ciel.

« Comment t'appelles-tu ? dit l'homme.

– Cosette. »

L'homme eut comme une secousse électrique. Il la regarda encore, puis il ôta ses mains de dessus les épaules de Cosette, saisit le seau, et se remit à marcher.

Au bout d'un instant il demanda :

« Petite, où demeures-tu ?

– À Montfermeil, si vous connaissez.

– C'est là que nous allons ?

– Oui, monsieur. »

Il fit encore une pause, puis recommença :

« Qui est-ce donc qui t'a envoyée à cette heure chercher de l'eau dans le bois ?

1. **Livide** : très pâle.

– C'est madame Thénardier. »

L'homme repartit d'un son de voix qu'il voulait s'efforcer de rendre indifférent, mais où il y avait pourtant un tremblement singulier :

« Qu'est-ce qu'elle fait, ta madame Thénardier ?

– C'est ma bourgeoise[1], dit l'enfant. Elle tient l'auberge.

– L'auberge ? dit l'homme. Eh bien, je vais aller y loger cette nuit. Conduis-moi.

– Nous y allons », dit l'enfant.

L'homme marchait assez vite. Cosette le suivait sans peine. Elle ne sentait plus la fatigue. De temps en temps, elle levait les yeux vers cet homme avec une sorte de tranquillité et d'abandon inexprimables.

Ils atteignirent le village ; Cosette guida l'étranger dans les rues. Ils passèrent devant la boulangerie ; mais Cosette ne songea pas au pain qu'elle devait rapporter. L'homme avait cessé de lui faire des questions et gardait maintenant un silence morne. Quand ils eurent laissé l'église derrière eux, l'homme, voyant toutes ces boutiques en plein vent, demanda à Cosette :

« C'est donc la foire ici ?

– Non, monsieur, c'est Noël. »

Comme ils approchaient de l'auberge, Cosette lui toucha le bras timidement.

« Monsieur ?

– Quoi, mon enfant ?

– Nous voilà tout près de la maison.

– Eh bien ?

1. **Bourgeoise :** ici, patronne (populaire).

– Voulez-vous me laisser reprendre le seau à présent ?

– Pourquoi ?

– C'est que, si madame voit qu'on me l'a porté, elle me battra. »

L'homme lui remit le seau. Un instant après, ils étaient à la porte de la gargote.

Chapitre 4

Le voyageur

Cosette ne put s'empêcher de jeter un regard de côté à la grande poupée toujours étalée chez le bimbelotier[1], puis elle frappa. La porte s'ouvrit. La Thénardier parut une chandelle à la main.

« Ah ! c'est toi, petite gueuse[2] ! Dieu merci, tu y as mis le temps ! elle se sera amusée, la drôlesse !

– Madame, dit Cosette toute tremblante, voilà un monsieur qui vient loger. »

La Thénardier remplaça bien vite sa mine bourrue par sa grimace aimable, changement à vue propre aux aubergistes, et chercha avidement des yeux le nouveau venu.

« C'est monsieur ? dit-elle.

– Oui, madame », répondit l'homme en portant la main à son chapeau.

1. **Bimbelotier :** propriétaire d'un commerce de petits articles, bibelots. Cosette rêve d'avoir cette poupée qu'elle regarde tous les jours dans la vitrine du marchand de jouets.
2. **Gueuse :** misérable.

Les voyageurs riches ne sont pas si polis. Ce geste et l'inspection du costume et du bagage de l'étranger que la Thénardier passa en revue d'un coup d'œil firent évanouir la grimace aimable et reparaître la mine bourrue. Elle reprit sèchement :

« Entrez, bonhomme[1]. »

Le « bonhomme » entra. La Thénardier lui jeta un second coup d'œil, examina particulièrement sa redingote qui était absolument râpée et son chapeau qui était un peu défoncé, et consulta d'un hochement de tête, d'un froncement de nez et d'un clignement d'yeux, son mari, lequel buvait toujours avec les rouliers. Le mari répondit par cette imperceptible agitation de l'index qui, appuyée du gonflement des lèvres, signifie en pareil cas : débine complète[2]. Sur ce, la Thénardier s'écria :

« Ah ! çà, brave homme, je suis bien fâchée, mais c'est que je n'ai plus de place.

– Mettez-moi où vous voudrez, dit l'homme, au grenier, à l'écurie. Je payerai comme si j'avais une chambre.

– Quarante sous.

– Quarante sous. Soit.

– À la bonne heure.

– Quarante sous ! dit un roulier bas à la Thénardier, mais ce n'est que vingt sous.

– C'est quarante sous pour lui, répliqua la Thénardier du même ton. Je ne loge pas des pauvres à moins.

1. **Bonhomme :** expression familière, peu respectueuse.
2. **Débine complète :** expression convenue entre les Thénardier pour signifier que le voyageur est pauvre.

– C'est vrai, ajouta le mari avec douceur, ça gâte une maison[1] d'y avoir de ce monde-là. »

Cependant l'homme, après avoir laissé sur un banc son paquet et son bâton, s'était assis à une table où Cosette s'était empressée de poser une bouteille de vin et un verre, et avait repris sa place sous la table de cuisine et son tricot.

Tout à coup la Thénardier s'écria :

« À propos ! et ce pain ? »

Cosette, selon sa coutume toutes les fois que la Thénardier élevait la voix, sortit bien vite de dessous la table.

Elle avait complètement oublié ce pain. Elle mentit.

« Madame, le boulanger était fermé.

– Il fallait cogner.

– J'ai cogné, madame.

– Eh bien ?

– Il n'a pas ouvert.

– Je saurai demain si c'est vrai, dit la Thénardier, et si tu mens, tu auras une fière danse[2]. En attendant, rends-moi la pièce-quinze-sous. »

Cosette plongea sa main dans la poche de son tablier, et devint verte. La pièce de quinze sous n'y était plus.

« Ah çà ! dit la Thénardier, m'as-tu entendue ? »

Cosette retourna la poche, il n'y avait rien. Qu'est-ce que cet argent pouvait être devenu ? La malheureuse petite ne trouva pas une parole. Elle était pétrifiée.

1. **Ça gâte une maison :** ça nuit à la réputation de l'auberge.
2. **Tu auras une fière danse :** tu seras sévèrement battue.

« Est-ce que tu l'as perdue, la pièce-quinze-sous ? râla la Thénardier, ou bien est-ce que tu veux me la voler ? »

En même temps elle allongea le bras vers le martinet[1] suspendu à la cheminée.

Ce geste redoutable rendit à Cosette la force de crier.

« Grâce ! madame ! madame ! je ne le ferai plus. »

La Thénardier détacha le martinet.

Cependant l'homme à la redingote jaune avait fouillé dans le gousset[2] de son gilet, sans qu'on eût remarqué ce mouvement.

Cosette se pelotonnait[3] avec angoisse dans l'angle de la cheminée, tâchant de ramasser et de dérober ses pauvres membres demi-nus. La Thénardier leva le bras.

« Pardon, madame, dit l'homme, mais tout à l'heure j'ai vu quelque chose qui est tombé de la poche du tablier de cette petite et qui a roulé. C'est peut-être cela. »

En même temps il se baissa et parut chercher à terre un instant.

« Justement. Voici », reprit-il en se relevant.

Et il tendit une pièce d'argent à la Thénardier.

« Oui, c'est cela », dit-elle.

Ce n'était pas cela, car c'était une pièce de vingt sous, mais la Thénardier y trouvait du bénéfice. Elle mit la pièce dans sa poche, et se borna à jeter un regard farouche à l'enfant en disant : « Que cela ne t'arrive plus, toujours ! »

Cosette rentra dans ce que la Thénardier appelait « sa niche », et son grand œil, fixé sur le voyageur inconnu, commença à prendre

1. **Martinet :** petit fouet.
2. **Gousset :** petite poche de forme rectangulaire.
3. **Se pelotonnait :** se recroquevillait.

une expression qu'il n'avait jamais eue. Ce n'était encore qu'un naïf étonnement, mais une sorte de confiance stupéfaite s'y mêlait.

« À propos, voulez-vous souper ? » demanda la Thénardier au voyageur.

Il ne répondit pas. Il semblait songer profondément.

Éponine et Azelma, les deux filles des Thénardier, font leur apparition dans la pièce, accompagnées de leur poupée. Cosette, quant à elle, n'a pour seul jouet qu'un pauvre petit sabre. Tandis que les fillettes s'amusent à embêter le chat, Cosette profite de leur distraction pour prendre dans ses bras la poupée tant désirée.

Personne ne l'avait vue, excepté le voyageur, qui mangeait lentement son maigre souper.

Cette joie dura près d'un quart d'heure.

Mais, quelque précaution que prît Cosette, elle ne s'apercevait pas qu'un des pieds de la poupée – *passait*[1], – et que le feu de la cheminée l'éclairait très vivement. Ce pied rose et lumineux qui sortait de l'ombre frappa subitement le regard d'Azelma qui dit à Éponine : « Tiens ! ma sœur ! »

Les deux petites filles s'arrêtèrent, stupéfaites. Cosette avait osé prendre la poupée !

Éponine se leva, et, sans lâcher le chat, alla vers sa mère et se mit à la tirer par sa jupe.

« Mais laisse-moi donc ! dit la mère. Qu'est-ce que tu me veux ?

– Mère, dit l'enfant, regarde donc ! »

Et elle désignait du doigt Cosette.

1. Passait : ici, dépassait de l'ombre de sa cachette.

La Thénardier cria d'une voix que l'indignation enrouait :

« Cosette ! »

Cosette tressaillit comme si la terre eût tremblé sous elle. Elle se retourna.

« Cosette », répéta la Thénardier.

Cosette prit la poupée et la posa doucement à terre avec une sorte de vénération mêlée de désespoir. Alors, sans la quitter des yeux, elle joignit les mains, et, ce qui est effrayant à dire dans un enfant de cet âge, elle se les tordit ; puis, ce que n'avait pu lui arracher aucune des émotions de la journée, ni la course dans le bois, ni la pesanteur du seau d'eau, ni la perte de l'argent, ni la vue du martinet, ni même la sombre parole qu'elle avait entendu dire à la Thénardier, – elle pleura. Elle éclata en sanglots.

Cependant le voyageur s'était levé.

« Qu'est-ce donc ? dit-il à la Thénardier.

– Vous ne voyez pas ? dit la Thénardier en montrant du doigt le corps du délit[1] qui gisait[2] aux pieds de Cosette.

– Hé bien, quoi ? reprit l'homme.

– Cette gueuse, répondit la Thénardier, s'est permis de toucher à la poupée des enfants !

– Tout ce bruit pour cela ! dit l'homme. Eh bien, quand elle jouerait avec cette poupée ?[3]

– Elle y a touché avec ses mains sales ! poursuivit la Thénardier, avec ses affreuses mains ! »

1. **Le corps du délit :** l'objet du vol.
2. **Gisait :** était étendu sur le sol.
3. **Quand elle jouerait avec cette poupée ? :** qu'est-ce que cela peut faire qu'elle joue avec la poupée ?

Ici Cosette redoubla ses sanglots.

« Te tairas-tu ? » cria la Thénardier.

L'homme alla droit à la porte de la rue, l'ouvrit et sortit.

Dès qu'il fut sorti, la Thénardier profita de son absence pour allonger sous la table à Cosette un grand coup de pied qui fit jeter à l'enfant les hauts cris.

La porte se rouvrit, l'homme reparut, il portait dans ses deux mains la poupée fabuleuse dont nous avons parlé, et que tous les marmots[1] du village contemplaient depuis le matin, et il la posa debout devant Cosette en disant :

« Tiens, c'est pour toi. »

Il faut croire que, depuis plus d'une heure qu'il était là, au milieu de sa rêverie, il avait confusément remarqué cette boutique de bimbeloterie éclairée de lampions et de chandelles si splendidement qu'on l'apercevait à travers la vitre du cabaret comme une illumination.

Cosette leva les yeux, elle avait vu venir l'homme à elle avec cette poupée comme elle eût vu venir le soleil, elle entendit ces paroles inouïes : *c'est pour toi*, elle le regarda, elle regarda la poupée, puis elle recula lentement, et s'alla cacher tout au fond sous la table dans le coin du mur.

Elle ne pleurait plus, elle ne criait plus, elle avait l'air de ne plus oser respirer.

La Thénardier, Éponine, Azelma étaient autant de statues. Les buveurs eux-mêmes s'étaient arrêtés. Il s'était fait un silence solennel dans tout le cabaret.

1. **Marmots :** enfants (familier).

La Thénardier, pétrifiée et muette, recommençait ses conjectures : « Qu'est-ce que c'est que ce vieux ? est-ce un pauvre ? est-ce un millionnaire ? C'est peut-être les deux, c'est-à-dire un voleur. »

La face du mari Thénardier offrit cette ride expressive qui accentue la figure humaine chaque fois que l'instinct dominant y apparaît avec toute sa puissance bestiale. Le gargotier considérait tour à tour la poupée et le voyageur ; il semblait flairer cet homme comme il eût flairé un sac d'argent. Cela ne dura que le temps d'un éclair. Il s'approcha de sa femme et lui dit bas :

« Cette machine coûte au moins trente francs. Pas de bêtises. À plat ventre devant l'homme. »

« Eh bien, Cosette, dit la Thénardier d'une voix qui voulait être douce et qui était toute composée de ce miel aigre[1] des méchantes femmes, est-ce que tu ne prends pas ta poupée ? »

Cosette se hasarda à sortir de son trou.

« Ma petite Cosette, reprit la Thénardier d'un air caressant, monsieur te donne une poupée. Prends-la. Elle est à toi. »

Cosette considérait la poupée merveilleuse avec une sorte de terreur. Son visage était encore inondé de larmes, mais ses yeux commençaient à s'emplir, comme le ciel au crépuscule du matin, des rayonnements étranges de la joie.

Il lui semblait que si elle touchait à cette poupée, le tonnerre en sortirait.

Ce qui était vrai jusqu'à un certain point, car elle se disait que la Thénardier gronderait, – et la battrait.

1. **Aigre** : amer.

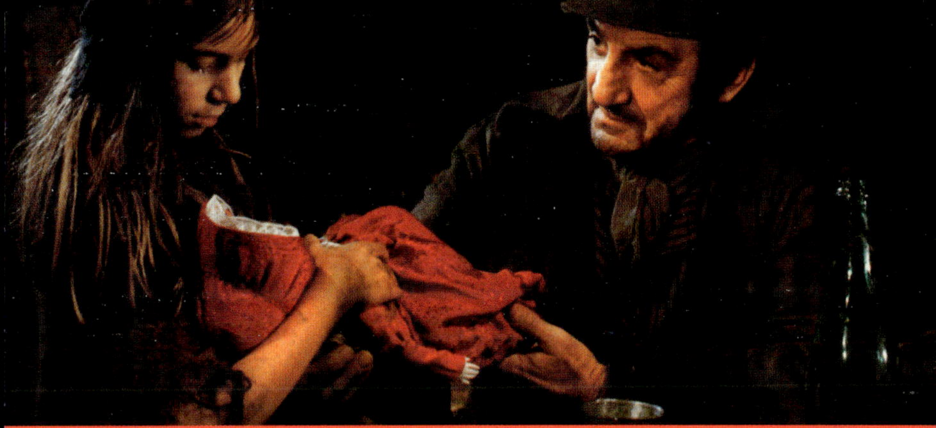

Cosette (Valentine Bordelet) et Jean Valjean (Lino Ventura) dans *Les Misérables*, film de Robert Hossein, 1982.

Pourtant l'attraction[1] l'emporta. Elle finit par s'approcher, et murmura timidement en se tournant vers la Thénardier :

« Est-ce que je peux, madame ? »

Aucune expression ne saurait rendre cet air à la fois désespéré, épouvanté et ravi.

« Pardi ! fit la Thénardier, c'est à toi. Puisque monsieur te la donne.

– Vrai, monsieur ? reprit Cosette, est-ce que c'est vrai ? c'est à moi, la dame[2] ? »

L'étranger paraissait avoir les yeux pleins de larmes. Il semblait être à ce point d'émotion où l'on ne parle pas pour ne pas pleurer. Il fit un signe de tête à Cosette, et mit la main de « la dame » dans sa petite main.

1. **Attraction :** attirance exercée par la poupée sur la petite fille.
2. **Dame :** ici, désigne la poupée.

Le voyageur passe la nuit à l'auberge. Le lendemain, il demande aux Thénardier de lui confier la garde de Cosette. Flairant la bonne affaire, l'aubergiste accepte de se séparer de la fillette en échange de quinze cents francs, une somme importante que le voyageur consent à payer. Le mystérieux « bonhomme » et Cosette quittent Montfermeil main dans la main.
Le narrateur dévoile alors l'identité du sauveur de Cosette : il s'agit de Jean Valjean ! Ce dernier n'est pas mort, mais a profité de l'incident sur l'Orion pour plonger sans chaîne dans la mer, et ainsi s'échapper du bagne. De retour à Paris, Jean Valjean s'installe avec Cosette en périphérie de la capitale dans une misérable maison connue par les habitants du quartier sous le nom de « masure Gorbeau », au 52, boulevard de l'Hôpital[1]. Malgré la modestie du lieu, les deux êtres commencent à percevoir la possibilité d'un avenir plus radieux.

Chapitre 5

Début d'une vie de famille

Le lendemain au point du jour[2], Jean Valjean était encore près du lit de Cosette. Il attendit là, immobile, et il la regarda se réveiller.

Quelque chose de nouveau lui entrait dans l'âme.

Jean Valjean n'avait jamais rien aimé. Depuis vingt-cinq ans il était seul au monde. Il n'avait jamais été père, amant, mari, ami. Au bagne il était mauvais, sombre, chaste[3], ignorant et farouche.

---

1. Voir carte p. 291.
2. **Au point du jour :** au lever du jour.
3. **Chaste :** vierge, pur.

Le cœur de ce vieux forçat était plein de virginités[1]. Sa sœur et les enfants de sa sœur ne lui avaient laissé qu'un souvenir vague et lointain qui avait fini par s'évanouir presque entièrement. Il avait fait tous ses efforts pour les retrouver, et, n'ayant pu les retrouver, il les avait oubliés.

Quand il vit Cosette, quand il l'eut prise, emportée et délivrée, il sentit se remuer ses entrailles[2]. Tout ce qu'il y avait de passionné et d'affectueux en lui s'éveilla et se précipita vers cet enfant. Il allait près du lit où elle dormait, et il y tremblait de joie ; il éprouvait des épreintes[3] comme une mère et il ne savait ce que c'était ; car c'est une chose bien obscure et bien douce que ce grand et étrange mouvement d'un cœur qui se met à aimer.

Pauvre vieux cœur tout neuf !

Les Misérables, tome 2, « Cosette », Éditions Jungle, 2019.

1. **Plein de virginités :** innocent, inexpérimenté dans le domaine des sentiments.
2. **Il sentit se remuer ses entrailles :** il fut bouleversé.
3. **Épreintes :** contractions douloureuses, généralement éprouvées lors de l'accouchement.

Seulement, comme il avait cinquante-cinq ans et que Cosette en avait huit, tout ce qu'il aurait pu avoir d'amour dans toute sa vie se fondit en une sorte de lueur ineffable.

C'était la deuxième apparition blanche qu'il rencontrait. L'évêque avait fait lever à son horizon l'aube de la vertu ; Cosette y faisait lever l'aube de l'amour.

Les premiers jours s'écoulèrent dans cet éblouissement.

De son côté, Cosette, elle aussi, devenait autre, à son insu, pauvre petit être ! Elle était si petite quand sa mère l'avait quittée qu'elle ne s'en souvenait plus. Comme tous les enfants, pareils aux jeunes pousses de la vigne qui s'accrochent à tout, elle avait essayé d'aimer. Elle n'y avait pu réussir. Tous l'avaient repoussée, les Thénardier, leurs enfants, d'autres enfants. Chose lugubre à dire, et que nous avons déjà indiquée, à huit ans elle avait le cœur froid. Ce n'était pas sa faute, ce n'était point la faculté d'aimer qui lui manquait ; hélas ! c'était la possibilité. Aussi, dès le premier jour, tout ce qui sentait et songeait en elle se mit à aimer ce bonhomme. Elle éprouvait ce qu'elle n'avait jamais ressenti, une sensation d'épanouissement.

Le bonhomme ne lui faisait même plus l'effet d'être vieux, ni d'être pauvre. Elle trouvait Jean Valjean beau, de même qu'elle trouvait le taudis[1] joli.

La nature, cinquante ans d'intervalle, avaient mis une séparation profonde entre Jean Valjean et Cosette ; cette séparation, la destinée la combla. La destinée unit brusquement et fiança avec son irrésistible puissance ces deux existences déracinées,

1. **Taudis :** logement misérable.

différentes par l'âge, semblables par le deuil. L'une en effet complétait l'autre. L'instinct de Cosette cherchait un père comme l'instinct de Jean Valjean cherchait un enfant. Se rencontrer, ce fut se trouver. Au moment mystérieux où leurs deux mains se touchèrent, elles se soudèrent. Quand ces deux âmes s'aperçurent, elles se reconnurent comme étant le besoin l'une de l'autre et s'embrassèrent étroitement.

Les semaines se succédèrent. Ces deux êtres menaient dans ce taudis misérable une existence heureuse.

Dès l'aube Cosette riait, jasait[1], chantait. Les enfants ont leur chant du matin comme les oiseaux.

Il arrivait quelquefois que Jean Valjean lui prenait sa petite main rouge et crevassée d'engelures[2] et la baisait[3]. La pauvre enfant, accoutumée[4] à être battue, ne savait ce que cela voulait dire, et s'en allait toute honteuse.

Par moments elle devenait sérieuse et elle considérait sa petite robe noire. Cosette n'était plus en guenilles, elle était en deuil. Elle sortait de la misère et elle entrait dans la vie.

Jean Valjean s'était mis à lui enseigner à lire. Parfois, tout en faisant épeler l'enfant, il songeait que c'était avec l'idée de faire le mal qu'il avait appris à lire au bagne. Cette idée avait tourné à montrer à lire à un enfant. Alors le vieux galérien souriait du sourire pensif des anges.

1. **Jasait :** bavardait.
2. **Engelures :** plaques d'irritation provoquées par le froid ou l'eau (ici, les travaux ménagers de Cosette chez les Thénardier).
3. **La baisait :** l'embrassait.
4. **Accoutumée :** habituée.

Il sentait là une préméditation[1] d'en haut, une volonté de quelqu'un qui n'est pas l'homme, et il se perdait dans la rêverie. Les bonnes pensées ont leurs abîmes comme les mauvaises.

Apprendre à lire à Cosette, et la laisser jouer, c'était à peu près là toute la vie de Jean Valjean. Et puis il lui parlait de sa mère et il la faisait prier.

Elle l'appelait : *père*, et ne lui savait pas d'autre nom.

Il passait des heures à la contempler, habillant et déshabillant sa poupée, et à l'écouter gazouiller. La vie lui paraissait désormais pleine d'intérêt, les hommes lui semblaient bons et justes, il ne reprochait dans sa pensée plus rien à personne, il n'apercevait aucune raison de ne pas vieillir très vieux maintenant que cette enfant l'aimait. Il se voyait tout un avenir éclairé par Cosette comme par une charmante lumière.

Chapitre 6

Le retour de Javert

Il y avait près de Saint-Médard un pauvre qui s'accroupissait sur la margelle d'un puits banal condamné, et auquel Jean Valjean faisait volontiers la charité. Il ne passait guère devant cet homme sans lui donner quelques sous. Parfois il lui parlait. Les envieux de ce mendiant disaient qu'il était *de la police*. C'était un vieux bedeau[2] de soixante-quinze ans qui marmottait continuellement des oraisons[3].

1. **Préméditation :** action préparée à l'avance.
2. **Bedeau :** employé laïc d'une église.
3. **Oraisons :** prières.

Un soir que Jean Valjean passait par là, il n'avait pas Cosette avec lui, il aperçut le mendiant à sa place ordinaire sous le réverbère qu'on venait d'allumer. Cet homme, selon son habitude, semblait prier et était tout courbé. Jean Valjean alla à lui et lui mit dans la main son aumône accoutumée[1]. Le mendiant leva brusquement les yeux, regarda fixement Jean Valjean, puis baissa rapidement la tête. Ce mouvement fut comme un éclair, Jean Valjean eut un tressaillement[2]. Il lui sembla qu'il venait d'entrevoir, à la lueur du réverbère, non le visage placide[3] et béat[4] du vieux bedeau, mais une figure effrayante et connue. Il eut l'impression qu'on aurait en se trouvant tout à coup dans l'ombre face à face avec un tigre. Il recula terrifié et pétrifié, n'osant ni respirer, ni parler, ni rester, ni fuir, considérant le mendiant qui avait baissé sa tête couverte d'une loque[5] et paraissait ne plus savoir qu'il était là. Dans ce moment étrange, un instinct, peut-être l'instinct mystérieux de la conservation, fit que Jean Valjean ne prononça pas une parole. Le mendiant avait la même taille, les mêmes guenilles, la même apparence que tous les jours. « Bah !... dit Jean Valjean, je suis fou ! je rêve ! impossible ! » Et il rentra profondément troublé.

C'est à peine s'il osait s'avouer à lui-même que cette figure qu'il avait cru voir était la figure de Javert.

La nuit, en y réfléchissant, il regretta de n'avoir pas questionné l'homme pour le forcer à lever la tête une seconde fois.

---

1. **Aumône accoutumée :** petite somme d'argent que Jean Valjean a l'habitude de donner au mendiant.
2. **Tressaillement :** tremblement.
3. **Placide :** calme et doux.
4. **Béat :** satisfait et serein.
5. **Loque :** vieux vêtement sale et déchiré.

Le lendemain à la nuit tombante il y retourna. Le mendiant était à sa place. « Bonjour, bonhomme », dit résolument Jean Valjean en lui donnant un sou. Le mendiant leva la tête, et répondit d'une voix dolente : « Merci, mon bon monsieur. » – C'était bien le vieux bedeau.

Jean Valjean se sentit pleinement rassuré. Il se mit à rire. « Où diable ai-je été voir là Javert ? pensa-t-il. Ah çà, est-ce que je vais avoir la berlue[1] à présent ? » – Il n'y songea plus.

Quelques jours après, il pouvait être huit heures du soir, il était dans sa chambre et il faisait épeler Cosette à haute voix, il entendit ouvrir, puis refermer la porte de la masure[2]. Cela lui parut singulier. La vieille, qui seule habitait avec lui la maison, se couchait toujours à la nuit pour ne point user de chandelle. Jean Valjean fit signe à Cosette de se taire. Il entendit qu'on montait l'escalier. À la rigueur ce pouvait être la vieille qui avait pu se trouver malade et aller chez l'apothicaire[3]. Jean Valjean écouta. Le pas était lourd et sonnait comme le pas d'un homme ; mais la vieille portait de gros souliers et rien ne ressemble au pas d'un homme comme le pas d'une vieille femme. Cependant Jean Valjean souffla sa chandelle.

Il avait envoyé Cosette au lit en lui disant tout bas : « Couche-toi bien doucement » ; et, pendant qu'il la baisait au front, les pas s'étaient arrêtés. Jean Valjean demeura en silence, immobile, le dos tourné à la porte, assis sur sa chaise dont il n'avait pas bougé, retenant son souffle dans l'obscurité. Au bout d'un temps assez long, n'entendant plus rien, il se retourna sans faire de bruit, et, comme il levait les yeux vers la porte de sa chambre, il vit une lumière par

1. **Avoir la berlue :** voir des choses fausses, halluciner.
2. **Masure :** vieux bâtiment délabré.
3. **Apothicaire :** personne qui prépare et vend des médicaments.

le trou de la serrure. Cette lumière faisait une sorte d'étoile sinistre dans le noir de la porte et du mur. Il y avait évidemment là quelqu'un qui tenait une chandelle à la main, et qui écoutait.

Quelques minutes s'écoulèrent, et la lumière s'en alla. Seulement il n'entendit plus aucun bruit de pas, ce qui semblait indiquer que celui qui était venu écouter à la porte avait ôté ses souliers.

Jean Valjean se jeta tout habillé sur son lit et ne put fermer l'œil de la nuit.

Au point du jour, comme il s'assoupissait de fatigue, il fut réveillé par le grincement d'une porte qui s'ouvrait à quelque mansarde du fond du corridor, puis il entendit le même pas d'homme qui avait monté l'escalier la veille. Le pas s'approchait. Il se jeta à bas du lit et appliqua son œil au trou de sa serrure, lequel était assez grand, espérant voir au passage l'être quelconque qui s'était introduit la nuit dans la masure et qui avait écouté à sa porte. C'était un homme en effet qui passa, cette fois sans s'arrêter, devant la chambre de Jean Valjean. Le corridor[1] était encore trop obscur pour qu'on pût distinguer son visage ; mais quand l'homme arriva à l'escalier, un rayon de la lumière du dehors le fit saillir comme une silhouette, et Jean Valjean le vit de dos complètement. L'homme était de haute taille, vêtu d'une redingote longue, avec un gourdin[2] sous son bras. C'était l'encolure[3] formidable de Javert.

À la brune[4], il descendit et regarda avec attention de tous les côtés sur le boulevard. Il n'y vit personne. Le boulevard semblait

1. **Corridor :** couloir.
2. **Gourdin :** matraque.
3. **Encolure :** allure, apparence (figuré).
4. **À la brune :** au crépuscule.

absolument désert. Il est vrai qu'on peut s'y cacher derrière les arbres.

Il remonta.

« Viens », dit-il à Cosette.

Il la prit par la main, et ils sortirent tous deux.

Chapitre 7

Jean Valjean et Cosette traqués

Jean Valjean avait tout de suite quitté le boulevard et s'était engagé dans les rues, faisant le plus de lignes brisées qu'il pouvait, revenant quelquefois brusquement sur ses pas pour s'assurer qu'il n'était point suivi.

C'était une nuit de pleine lune. Jean Valjean n'en fut pas fâché. La lune, encore très près de l'horizon, coupait dans les rues de grands pans[1] d'ombre et de lumière. Jean Valjean pouvait se glisser le long des maisons et des murs dans le côté sombre et observer le côté clair.

Cosette marchait sans faire de questions. Les souffrances des six premières années de sa vie avaient introduit quelque chose de passif dans sa nature. D'ailleurs, et c'est là une remarque sur laquelle nous aurons plus d'une occasion de revenir, elle était habituée, sans trop s'en rendre compte, aux singularités[2] du bonhomme et aux bizarreries de la destinée. Et puis elle se sentait en sûreté, étant avec lui.

1. **Pans :** parties.
2. **Singularités :** traits de caractère étranges.

Jean Valjean, pas plus que Cosette, ne savait où il allait. Du reste il n'avait aucune idée arrêtée, aucun plan, aucun projet. Il n'était même pas absolument sûr que ce fût Javert, et puis ce pouvait être Javert sans que Javert sût que c'était lui Jean Valjean. N'était-il pas déguisé ? ne le croyait-on pas mort ? Cependant depuis quelques jours il se passait des choses qui devenaient singulières. Il ne lui en fallait pas davantage. Il était déterminé à ne plus rentrer dans la maison Gorbeau.

Jean Valjean décrivit plusieurs labyrinthes variés dans le quartier Mouffetard, déjà endormi comme s'il avait encore la discipline du Moyen Âge[1] et le joug du couvre-feu[2] ; il combina de diverses façons, dans des stratégies savantes, la rue Censier et la rue Copeau, la rue du Battoir-Saint-Victor et la rue du Puits-l'Ermite.

Comme onze heures sonnaient à Saint-Étienne-du-Mont, il traversait la rue de Pontoise devant le bureau du commissaire de police qui est au n° 14[3]. Quelques instants après, l'instinct dont nous parlions plus haut fit qu'il se retourna. En ce moment, il vit distinctement, grâce à la lanterne du commissaire qui les trahissait, trois hommes qui le suivaient d'assez près passer successivement sous cette lanterne dans le côté ténébreux de la rue. L'un de ces trois hommes entra dans l'allée de la maison du commissaire. Celui qui marchait en tête lui parut décidément suspect.

« Viens, enfant », dit-il à Cosette, et il se hâta de quitter la rue de Pontoise.

1. **La discipline du Moyen Âge :** règles de vie strictes imposées aux membres du clergé au Moyen Âge.
2. **Le joug du couvre-feu :** le poids d'une interdiction de circuler dans la rue le soir.
3. Tous les lieux cités dans ce passage se situent dans le quartier Mouffetard, à Paris (voir carte p. 291).

Il fit un circuit, tourna le passage des Patriarches qui était fermé à cause de l'heure, arpenta la rue de l'Épée-de-Bois et la rue de l'Arbalète et s'enfonça dans la rue des Postes.

Il y a là un carrefour, où est aujourd'hui le collège Rollin et où vient s'embrancher la rue Neuve-Sainte-Geneviève.

La lune jetait une vive lumière dans ce carrefour. Jean Valjean s'embusqua[1] sous une porte, calculant que si ces hommes le suivaient encore, il ne pourrait manquer de les très bien voir lorsqu'ils traverseraient cette clarté.

En effet, il ne s'était pas écoulé trois minutes que les hommes parurent. Ils étaient maintenant quatre ; tous de haute taille, vêtus de longues redingotes brunes, avec des chapeaux ronds, et de gros bâtons à la main. Ils n'étaient pas moins inquiétants par leur grande stature et leurs vastes poings que par leur marche sinistre dans les ténèbres. On eût dit quatre spectres[2] déguisés en bourgeois.

Ils s'arrêtèrent au milieu du carrefour et firent groupe[3], comme des gens qui se consultent. Ils avaient l'air indécis. Celui qui paraissait les conduire se tourna et désigna vivement de la main droite la direction où s'était engagé Jean Valjean ; un autre semblait indiquer avec une certaine obstination la direction contraire. À l'instant où le premier se retourna, la lune éclaira en plein son visage. Jean Valjean reconnut parfaitement Javert.

Jean Valjean tente de semer Javert et ses hommes. Tenant Cosette par la main, il arpente les sombres ruelles de la ville jusqu'au quartier du Petit-Picpus. Mais ils se retrouvent vite piégés dans une impasse !

1. **S'embusqua :** se cacha.
2. **Spectres :** fantômes.
3. **Firent groupe :** se rassemblèrent.

Javert (Michel Bouquet) dans *Les Misérables*,
film de Robert Hossein, 1982.

Jean Valjean escalade alors le mur d'enceinte d'un grand bâtiment, tout en portant Cosette dans ses bras. Arrivés dans un jardin, ils se sentent enfin en sécurité quand le silence du lieu est soudainement brisé par l'apparition d'un homme qui porte une clochette à la ceinture.

Chapitre 8

Un sauveur inattendu

Jean Valjean marcha droit à l'homme qu'il apercevait dans le jardin. Il avait pris à sa main le rouleau d'argent[1] qui était dans la poche de son gilet.

Cet homme baissait la tête et ne le voyait pas venir. En quelques enjambées, Jean Valjean fut à lui.

Jean Valjean l'aborda en criant:

« Cent francs! »

L'homme fit un soubresaut[2] et leva les yeux.

« Cent francs à gagner, reprit Jean Valjean, si vous me donnez asile pour cette nuit! »

La lune éclairait en plein le visage effaré de Jean Valjean.

« Tiens, c'est vous, père Madeleine! » dit l'homme.

Ce nom, ainsi prononcé, à cette heure obscure, dans ce lieu inconnu, par cet homme inconnu, fit reculer Jean Valjean.

Il s'attendait à tout, excepté à cela.

1. **Rouleau d'argent:** liasse de billets.
2. **Fit un soubresaut:** sursauta.

« Qui êtes-vous ? et qu'est-ce que c'est que cette maison-ci ? demanda Jean Valjean.

– Ah, pardieu, voilà qui est fort ! s'écria le vieillard, je suis celui que vous avez fait placer ici, et cette maison est celle où vous m'avez fait placer. Comment ! vous ne me reconnaissez pas ?

– Non, dit Jean Valjean. Et comment se fait-il que vous me connaissiez, vous ?

– Vous m'avez sauvé la vie, dit l'homme. »

Il se tourna, un rayon de lune lui dessina le profil, et Jean Valjean reconnut le vieux Fauchelevent.

« Ah ! dit Jean Valjean, c'est vous ? oui, je vous reconnais.

– C'est bien heureux ! fit le vieux d'un ton de reproche.

Jean Valjean, se sentant connu par cet homme, du moins sous son nom de Madeleine, n'avançait plus qu'avec précaution. Il multipliait les questions. Chose bizarre, les rôles semblaient intervertis. C'était lui, intrus, qui interrogeait.

« Et qu'est-ce que c'est que cette sonnette que vous avez au genou ?

– Ça ? répondit Fauchelevent, c'est pour qu'on m'évite.

– Comment ! pour qu'on vous évite ? »

Le vieux Fauchelevent cligna de l'œil d'un air inexprimable.

« Ah dame ! il n'y a que des femmes dans cette maison-ci ; beaucoup de jeunes filles. Il paraît que je serais dangereux à rencontrer. La sonnette les avertit. Quand je viens, elles s'en vont.

– Qu'est-ce que c'est que cette maison-ci ?

– Tiens ! vous savez bien.

– Mais non, je ne sais pas.

– Puisque vous m'y avez fait placer jardinier !

– Répondez-moi comme si je ne savais rien.

– Eh bien, c'est le couvent du Petit-Picpus donc ! »

Les souvenirs revenaient à Jean Valjean. Le hasard, c'est-à-dire la providence, l'avait jeté précisément dans ce couvent du quartier Saint-Antoine où le vieux Fauchelevent, estropié[1] par la chute de sa charrette, avait été admis sur sa recommandation, il y avait deux ans de cela. Il répéta comme se parlant à lui-même :

« Le couvent du Petit-Picpus !

– Ah çà mais, au fait, reprit Fauchelevent, comment diable avez-vous fait pour y entrer, vous, père Madeleine ? Vous avez beau être un saint, vous êtes un homme, et il n'entre pas d'hommes ici.

– Vous y êtes bien.

– Il n'y a que moi.

– Cependant, reprit Jean Valjean, il faut que j'y reste.

– Ah mon Dieu ! » s'écria Fauchelevent.

Jean Valjean s'approcha du vieillard et lui dit d'une voix grave :

« Père Fauchelevent, je vous ai sauvé la vie.

– C'est moi qui m'en suis souvenu le premier, répondit Fauchelevent.

– Eh bien, vous pouvez faire aujourd'hui pour moi ce que j'ai fait autrefois pour vous. »

1. **Estropié :** blessé.

Cosette (Isabelle Allen) et Jean Valjean (Hugh Jackman) dans *Les Misérables*, film de Tom Hooper, 2012.

« Que voulez-vous que je fasse ? reprit-il.

– Je vous expliquerai cela. Vous avez une chambre ?

– J'ai une baraque isolée, là, derrière la ruine du vieux couvent, dans un recoin que personne ne voit. Il y a trois chambres. »

La baraque était en effet si bien cachée derrière la ruine et si bien disposée pour que personne ne la vît, que Jean Valjean ne l'avait pas vue.

« Bien, dit Jean Valjean. Maintenant je vous demande deux choses.

– Lesquelles, monsieur le maire ?

– Premièrement, vous ne direz à personne ce que vous savez de moi. Deuxièmement, vous ne chercherez pas à en savoir davantage.

– Comme vous voudrez. Je sais que vous ne pouvez rien faire que d'honnête et que vous avez toujours été un homme du bon Dieu. Et puis d'ailleurs, c'est vous qui m'avez mis ici. Ça vous regarde. Je suis à vous.

– C'est dit. À présent, venez avec moi. Nous allons chercher l'enfant.

– Ah ! dit Fauchelevent. Il y a un enfant ! »

Il n'ajouta pas une parole et suivit Jean Valjean comme un chien suit son maître.

Moins d'une demi-heure après, Cosette, redevenue rose à la flamme d'un bon feu, dormait dans le lit du vieux jardinier. Les deux hommes se chauffaient accoudés sur une table où Fauchelevent avait posé un morceau de fromage, du pain bis[1], une bouteille de vin et deux verres, et le vieux disait à Jean Valjean en lui posant la main sur le genou :

« Ah ! père Madeleine ! vous ne m'avez pas reconnu tout de suite ! Vous sauvez la vie aux gens, et après vous les oubliez ! Oh ! c'est mal ! eux ils se souviennent de vous ! vous êtes un ingrat[2] ! »

En sécurité au couvent, Jean Valjean doit désormais élaborer un stratagème afin d'y demeurer. Fauchelevent s'entend avec mère Innocente, la religieuse qui dirige le couvent, pour faire rentrer son « frère », également jardinier, et sa « nièce » qui intégrera le groupe de pensionnaires. Les deux clandestins doivent d'abord sortir

1. **Pain bis :** pain brun, de mauvaise qualité.
2. **Ingrat :** qui ne rend pas l'amour qu'on lui porte.

de l'enceinte du couvent. Si la chose est aisée pour Cosette, que Fauchelevent réussit à transporter discrètement dans sa hotte, elle est plus difficile pour Jean Valjean... Aidé du vieil homme, l'ancien bagnard prend place dans un cercueil, et se fait passer pour le corps sans vie d'une sœur qui vient de décéder. Mais, arrivé au cimetière, Fauchelevent découvre avec effroi qu'un nouveau fossoyeur est en poste...

Chapitre 9

Jean Valjean dans un cercueil

Qui était dans la bière[1] ? on le sait. Jean Valjean.

Jean Valjean s'était arrangé pour vivre là-dedans, et il respirait à peu près.

Toute la combinaison[2] préméditée par Jean Valjean marchait, et marchait bien, depuis la veille. Il comptait, comme Fauchelevent, sur le père Mestienne[3]. Il ne doutait pas de la fin.

Les quatre planches du cercueil dégagent une sorte de paix terrible. Il semblait que quelque chose du repos des morts entrât dans la tranquillité de Jean Valjean.

Du fond de cette bière, il avait pu suivre et il suivait toutes les phases du drame redoutable qu'il jouait avec la mort.

Peu après que Fauchelevent eut achevé de clouer la planche de dessus, Jean Valjean s'était senti emporter, puis rouler. À moins

1. **Bière :** cercueil.
2. **Combinaison :** plan, stratagème.
3. Nom du fossoyeur habituel.

de secousses, il avait senti qu'on passait du pavé à la terre battue, c'est-à-dire qu'on quittait les rues et qu'on arrivait aux boulevards. À un bruit sourd, il avait deviné qu'on traversait le pont d'Austerlitz. Au premier temps d'arrêt, il avait compris qu'on entrait dans le cimetière ; au second temps d'arrêt, il s'était dit : voici la fosse.

Brusquement il sentit que des mains saisissaient la bière, puis un frottement rauque sur les planches ; il se rendit compte que c'était une corde qu'on nouait autour du cercueil pour le descendre dans l'excavation[1].

Puis il eut une espèce d'étourdissement.

Probablement les croque-morts[2] et le fossoyeur avaient laissé basculer le cercueil et descendu la tête avant les pieds. Il revint pleinement à lui en se sentant horizontal et immobile. Il venait de toucher le fond.

Il sentit un certain froid.

Une voix s'éleva au-dessus de lui, glaciale et solennelle. Il entendit passer, si lentement qu'il pouvait les saisir l'un après l'autre, des mots latins qu'il ne comprenait pas.

Il entendit sur la planche qui le recouvrait quelque chose comme le frappement doux de quelques gouttes de pluie. C'était probablement l'eau bénite.

Il songea : Cela va être fini. Encore un peu de patience. Le prêtre va s'en aller. Fauchelevent emmènera Mestienne boire. On me laissera. Puis Fauchelevent reviendra seul, et je sortirai. Ce sera l'affaire d'une bonne heure.

1. **Excavation :** trou creusé dans le sol.
2. **Croque-morts :** employés des pompes funèbres.

Jean Valjean, l'oreille tendue, perçut quelque chose comme des pas qui s'éloignaient.

« Les voilà qui s'en vont, pensa-t-il. Je suis seul. »

Tout à coup il entendit sur sa tête un bruit qui lui sembla la chute du tonnerre.

C'était une pelletée de terre qui tombait sur le cercueil. Une seconde pelletée de terre tomba.

Un des trous par où il respirait venait de se boucher.

Une troisième pelletée de terre tomba. Puis une quatrième.

Il est des choses plus fortes que l'homme le plus fort. Jean Valjean perdit connaissance.

Grâce à sa malice, Fauchelevent parvient à arrêter le fossoyeur dans son travail. Il se retrouve donc seul en présence du cercueil recouvert de terre.

Chapitre 10

Retour parmi les vivants

Fauchelevent se pencha vers la fosse et dit à demi-voix :

« Père Madeleine ! »

Rien ne répondit.

Fauchelevent eut un frémissement. Il se laissa rouler dans la fosse plutôt qu'il n'y descendit, se jeta sur la tête du cercueil et cria :

« Êtes-vous là ? »

Silence dans la bière.

Fauchelevent, ne respirant plus à force de tremblement, prit son ciseau à froid[1] et son marteau, et fit sauter la planche de dessus. La face de Jean Valjean apparut dans le crépuscule, les yeux fermés, pâle.

Les cheveux de Fauchelevent se hérissèrent, il se leva debout, puis tomba adossé à la paroi de la fosse, prêt à s'affaisser sur la bière. Il regarda Jean Valjean.

Jean Valjean gisait, blême et immobile.

Fauchelevent murmura d'une voix basse comme un souffle :

« Il est mort ! »

Et se redressant, croisant les bras si violemment que ses deux poings fermés vinrent frapper ses deux épaules, il cria :

« Voilà comme je le sauve, moi ! »

Alors le pauvre bonhomme se mit à sangloter. Monologuant[2], car c'est une erreur de croire que le monologue n'est pas dans la nature.

On entendit au loin dans les arbres un grincement aigu. C'était la grille du cimetière qui se fermait.

Fauchelevent se pencha sur Jean Valjean, et tout à coup eut une sorte de rebondissement et tout le recul qu'on peut avoir dans une fosse. Jean Valjean avait les yeux ouverts, et le regardait.

Voir une mort est effrayant, voir une résurrection l'est presque autant. Fauchelevent devint comme de pierre, pâle, hagard[3], bouleversé par tous ces excès d'émotions, ne sachant s'il avait affaire à un vivant ou à un mort, regardant Jean Valjean qui le regardait.

1. **Ciseau à froid :** outil permettant de découper le métal à froid.
2. **Monologuant :** parlant tout seul.
3. **Hagard :** affolé.

Alphonse Marie de Neuville, *Fauchelevent ouvre le cercueil*, illustration pour *Les Misérables*, 1865, maisons de Victor Hugo, Paris-Guernesey.

« Je m'endormais », dit Jean Valjean.

Et il se mit sur son séant[1].

Fauchelevent tomba à genoux.

« Juste bonne Vierge ! m'avez-vous fait peur ! »

Puis il se releva et cria :

« Merci, père Madeleine ! »

Jean Valjean n'était qu'évanoui. Le grand air l'avait réveillé.

« Vous n'êtes donc pas mort ! Oh ! comme vous avez de l'esprit, vous ! Je vous ai tant appelé que vous êtes revenu. Quand j'ai vu vos yeux fermés, j'ai dit : bon ! le voilà étouffé. Je serais devenu fou furieux, vrai fou à camisole[2]. On m'aurait mis à Bicêtre[3]. Qu'est-ce que vous voulez que je fasse si vous étiez mort ? Et votre petite ! c'est la fruitière qui n'y aurait rien compris ! On lui campe l'enfant sur les bras, et le grand-père est mort ! Quelle histoire ! mes bons saints du paradis, quelle histoire ! Ah ! vous êtes vivant, voilà le bouquet.

– J'ai froid », dit Jean Valjean.

Ce mot rappela complètement Fauchelevent à la réalité, qui était urgente. Ces deux hommes, même revenus à eux, avaient, sans s'en rendre compte, l'âme trouble, et en eux quelque chose d'étrange qui était l'égarement sinistre du lieu.

« Sortons vite d'ici », s'écria Fauchelevent.

Il fouilla dans sa poche, et en tira une gourde dont il s'était pourvu.

« Mais d'abord la goutte ! » dit-il.

1. **Se mit sur son séant :** s'assit.
2. **Camisole :** veste qui empêche de bouger les bras, portée par certains malades dans les hôpitaux psychiatriques.
3. **Bicêtre :** prison et hôpital psychiatrique.

La gourde acheva ce que le grand air avait commencé. Jean Valjean but une gorgée d'eau-de-vie et reprit pleine possession de lui-même.

Il sortit de la bière, et aida Fauchelevent à en reclouer le couvercle.

Trois minutes après, ils étaient hors de la fosse.

Chapitre 11
La vie au couvent

Cosette au couvent continua de se taire.

Cosette se croyait tout naturellement la fille de Jean Valjean. Du reste, ne sachant rien, elle ne pouvait rien dire, et puis, dans tous les cas, elle n'aurait rien dit. Nous venons de le faire remarquer, rien ne dresse les enfants au silence comme le malheur. Cosette avait tant souffert qu'elle craignait tout, même de parler, même de respirer. Une parole avait si souvent fait crouler sur elle une avalanche ! À peine commençait-elle à se rassurer depuis qu'elle était à Jean Valjean. Elle s'habitua assez vite au couvent.

Cosette, en devenant pensionnaire du couvent, dut prendre l'habit des élèves de la maison. Jean Valjean obtint qu'on lui remît les vêtements qu'elle dépouillait[1]. C'était ce même habillement de deuil qu'il lui avait fait revêtir lorsqu'elle avait quitté la gargote Thénardier. Il n'était pas encore très usé. Jean Valjean enferma ces

1. **Dépouillait :** retirait.

nippes[1], plus les bas de laine et les souliers, avec force camphre[2] et tous les aromates dont abondent les couvents, dans une petite valise qu'il trouva moyen de se procurer. Il mit cette valise sur une chaise près de son lit, et il en avait toujours la clef sur lui. « Père, lui demanda un jour Cosette, qu'est-ce que c'est donc que cette boîte-là qui sent si bon ? »

Ce couvent était pour Jean Valjean comme une île entourée de gouffres. Ces quatre murs étaient désormais le monde pour lui. Il y voyait le ciel assez pour être serein et Cosette assez pour être heureux.

Une vie très douce recommença pour lui.

Il habitait avec le vieux Fauchelevent la baraque du fond du jardin.

Cosette avait permission de venir tous les jours passer une heure près de lui. Comme les sœurs étaient tristes et qu'il était bon, l'enfant le comparait et l'adorait. À l'heure fixée elle accourait vers la baraque. Quand elle entrait dans la masure, elle l'emplissait de paradis. Jean Valjean s'épanouissait, et sentait son bonheur s'accroître du bonheur qu'il donnait à Cosette. La joie que nous inspirons a cela de charmant que, loin de s'affaiblir comme tout reflet, elle nous revient plus rayonnante. Aux heures des récréations, Jean Valjean regardait de loin Cosette jouer et courir, et il distinguait son rire du rire des autres.

Car maintenant Cosette riait.

1. **Nippes :** vêtements.
2. **Camphre :** substance blanche utilisée comme antimite.

La figure de Cosette en était même jusqu'à un certain point changée. Le sombre en avait disparu. Le rire, c'est le soleil ; il chasse l'hiver du visage humain.

Cosette, toujours pas jolie, devenait bien charmante d'ailleurs. Elle disait des petites choses raisonnables avec sa douce voix enfantine.

La récréation finie, quand Cosette rentrait, Jean Valjean regardait les fenêtres de sa classe, et la nuit il se relevait pour regarder les fenêtres de son dortoir.

Du reste Dieu a ses voies[1] ; le couvent contribua, comme Cosette, à maintenir et à compléter dans Jean Valjean l'œuvre de l'évêque.

Tout ce qui l'entourait, ce jardin paisible, ces fleurs embaumées, ces enfants poussant des cris joyeux, ces femmes graves et simples, ce cloître silencieux, le pénétraient lentement, et peu à peu son âme se composait de silence comme ce cloître, de parfum comme ces fleurs, de paix comme ce jardin, de simplicité comme ces femmes, de joie comme ces enfants. Et puis il songeait que c'étaient deux maisons de Dieu qui l'avaient successivement recueilli aux deux instants critiques de sa vie, la première lorsque toutes les portes se fermaient et que la société humaine le repoussait, la deuxième au moment où la société humaine se remettait à sa poursuite et où le bagne se rouvrait ; et que sans la première il serait retombé dans le crime et sans la seconde dans le supplice.

Tout son cœur se fondait en reconnaissance et il aimait de plus en plus.

Plusieurs années s'écoulèrent ainsi ; Cosette grandissait.

1. **Voies :** desseins, projets.

Théodore Géricault, *Portrait d'un artiste dans son atelier*, vers 1815, huile sur toile, musée du Louvre, Paris.

Partie 3 lue en intégralité

Partie 3

Marius

Chapitre 1

Le petit Gavroche

Huit ou neuf ans environ après les événements racontés dans la deuxième partie de cette histoire, on remarquait sur le boulevard du Temple et dans les régions du Château-d'Eau un petit garçon de onze à douze ans qui eût assez correctement réalisé cet idéal du gamin ébauché plus haut, si, avec le rire de son âge sur les lèvres, il n'eût pas eu le cœur absolument sombre et vide. Cet enfant était bien affublé[1] d'un pantalon d'homme, mais il ne le tenait pas de son père, et d'une camisole[2] de femme, mais il ne la tenait pas de sa mère. Des gens quelconques l'avaient habillé de chiffons par charité. Pourtant il avait un père et une mère. Mais son père ne songeait pas à lui et sa mère ne l'aimait point. C'était un de ces enfants dignes de pitié entre tous qui ont père et mère et qui sont orphelins.

Cet enfant ne se sentait jamais si bien que dans la rue. Le pavé lui était moins dur que le cœur de sa mère.

Ses parents l'avaient jeté dans la vie d'un coup de pied. Il avait tout bonnement pris sa volée[3].

C'était un garçon bruyant, blême, leste[4], éveillé, goguenard[5], à l'air vivace et maladif. Il allait, venait, chantait, jouait à la

1. **Affublé :** ici, habillé.
2. **Camisole :** ici, vêtement porté par-dessus une chemise.
3. **Sa volée :** son envol.
4. **Leste :** agile.
5. **Goguenard :** moqueur.

Émile Antoine Bayard, *Gavroche*, 1862, gravure colorisée.

fayousse[1], grattait les ruisseaux, volait un peu, mais comme les chats et les passereaux[2], gaîment, riait quand on l'appelait galopin, se fâchait quand on l'appelait voyou. Il n'avait pas de gîte, pas de pain, pas de feu, pas d'amour; mais il était joyeux parce qu'il était libre.

Quand ces pauvres êtres sont hommes, presque toujours la meule de l'ordre social les rencontre et les broie, mais tant qu'ils sont enfants, ils échappent, étant petits. Le moindre trou les sauve.

Pourtant, si abandonné que fût cet enfant, il arrivait parfois, tous les deux ou trois mois, qu'il disait: « Tiens, je vas[3] voir maman ! » Alors il quittait le boulevard, le Cirque, la Porte Saint-Martin, descendait aux quais, passait les ponts, gagnait les faubourgs, atteignait la Salpêtrière, et arrivait où ? Précisément à ce double numéro 50-52 que le lecteur connaît, à la masure Gorbeau.

À cette époque, la masure 50-52, habituellement déserte et éternellement décorée de l'écriteau : « Chambres à louer », se trouvait, chose rare, habitée par plusieurs individus qui, du reste, comme cela est toujours à Paris, n'avaient aucun lien ni aucun rapport entre eux.

Les plus misérables entre ceux qui habitaient la masure étaient une famille de quatre personnes, le père, la mère et deux filles déjà assez grandes, tous les quatre logés dans le même galetas[4], une de ces cellules dont nous avons déjà parlé.

1. **Fayousse:** jeu qui consiste à introduire le plus grand nombre de pièces ou de cailloux dans un trou.
2. **Passereaux:** moineaux.
3. **Je vas:** je vais (argot).
4. **Galetas:** logement misérable situé sous les toits.

Cette famille n'offrait au premier abord rien de très particulier que son extrême dénuement; le père en louant la chambre avait dit s'appeler Jondrette.

Cette famille était la famille du joyeux petit va-nu-pieds. Il y arrivait, et il trouvait la pauvreté, la détresse, et, ce qui est plus triste, aucun sourire; le froid dans l'âtre et le froid dans les cœurs. Quand il entrait, on lui demandait: « D'où viens-tu ? » Il répondait: « De la rue. » Quand il s'en allait, on lui demandait: « Où vas-tu ? » Il répondait: « Dans la rue ». Sa mère lui disait: « Qu'est-ce que tu viens faire ici ? »

Cet enfant vivait dans cette absence d'affection comme ces herbes pâles qui viennent dans les caves. Il ne souffrait pas d'être ainsi et n'en voulait à personne. Il ne savait pas au juste comment devaient être un père et une mère.

Du reste sa mère aimait ses sœurs.

Nous avons oublié de dire que sur le boulevard du Temple on nommait cet enfant le petit Gavroche. Pourquoi s'appelait-il Gavroche ? Probablement parce que son père s'appelait Jondrette[1].

Casser le fil semble être l'instinct de certaines familles misérables.

La chambre que les Jondrette habitaient dans la masure Gorbeau était la dernière au bout du corridor. La cellule d'à côté était occupée par un jeune homme très pauvre qu'on nommait monsieur Marius.

1. **Gavroche, Jondrette:** noms populaires.

Marius Pontmercy est le fils d'un colonel de l'Empire, Georges Pontmercy, qui a combattu à toutes les grandes batailles menées par Napoléon Ier, dont celle de Waterloo. À la mort de sa mère, il a été élevé par son grand-père, un bourgeois nommé M. Gillenormand. Ce dernier, partisan de la monarchie, a refusé que Marius grandisse aux côtés d'un père qu'il considérait comme un « brigand ». Le jeune Marius a donc suivi l'éducation de son aïeul et rejoint ses positions politiques. Âgé de dix-sept ans, le jeune homme est décrit comme « royaliste, fanatique et austère ». Un soir de 1827, son grand-père lui fait savoir que son père, malade, le demande à ses côtés, à Vernon.

Chapitre 2

Mort de Georges Pontmercy

On avait appelé le médecin et le curé. Le médecin était arrivé trop tard, le curé était arrivé trop tard. Le fils aussi était arrivé trop tard.

À la clarté crépusculaire de la chandelle, on distinguait sur la joue du colonel gisant et pâle une grosse larme qui avait coulé de son œil mort. L'œil était éteint, mais la larme n'était pas séchée. Cette larme, c'était le retard de son fils.

Marius considéra cet homme qu'il voyait pour la première fois, et pour la dernière, ce visage vénérable et mâle, ces yeux ouverts qui ne regardaient pas, ces cheveux blancs, ces membres robustes sur lesquels on distinguait çà et là des lignes brunes qui étaient des coups de sabre et des espèces d'étoiles rouges qui étaient des trous de balles. Il considéra cette gigantesque balafre[1]

1. Balafre : large cicatrice sur le visage.

qui imprimait l'héroïsme sur cette face où Dieu avait empreint la bonté. Il songea que cet homme était son père et que cet homme était mort, et il resta froid.

Le colonel ne laissait rien. La vente du mobilier paya à peine l'enterrement. La servante trouva un chiffon de papier qu'elle remit à Marius. Il y avait ceci, écrit de la main du colonel :

« – *Pour mon fils.* – L'empereur m'a fait baron sur le champ de bataille de Waterloo. Puisque la Restauration me conteste ce titre que j'ai payé de mon sang, mon fils le prendra et le portera. Il va sans dire qu'il en sera digne. »

Derrière, le colonel avait ajouté :

« À cette même bataille de Waterloo, un sergent m'a sauvé la vie. Cet homme s'appelle Thénardier[1]. Dans ces derniers temps, je crois qu'il tenait une petite auberge dans un village des environs de Paris, à Chelles ou à Montfermeil. Si mon fils le rencontre, il fera à Thénardier tout le bien qu'il pourra. »

Non par religion pour son père, mais à cause de ce respect vague de la mort qui est toujours si impérieux[2] au cœur de l'homme, Marius prit ce papier et le serra.

Marius n'était demeuré que quarante-huit heures à Vernon. Après l'enterrement, il était revenu à Paris et s'était remis à son droit, sans plus songer à son père que s'il n'eût jamais vécu. En deux jours le colonel avait été enterré, et en trois jours oublié.

Marius avait un crêpe[3] à son chapeau. Voilà tout.

1. Lors de la bataille de Waterloo, le soldat Thénardier, qui pensait le colonel mort, avait en réalité tenté de le dépouiller.
2. **Impérieux :** pressant, qui fait autorité.
3. **Crêpe :** tissu de couleur noire porté en signe de deuil.

Peu de temps après, Marius fait la connaissance de l'abbé Mabeuf, un ami de son père qui lui dévoile tout l'amour que ce dernier avait en réalité pour son fils. Marius se passionne peu à peu pour l'histoire de la Révolution et de l'Empire, jusqu'à tomber en adoration pour son père désormais disparu. En son honneur, il se fait appeler « le baron Marius de Pontmercy » et part à la recherche du fameux Thénardier. Le vieillard Gillenormand ne tarde pas à découvrir le changement qui s'est opéré chez son petit-fils et le chasse de chez lui.

Cherchant un logement à Paris, Marius se rapproche d'un jeune groupe d'étudiants qui se font appeler « Les Amis de l'ABC » (entendre « abaissé », c'est-à-dire le peuple). La bande, composée notamment d'Enjolras, Courfeyrac et Combeferre, rassemble des partisans de la république. Marius, sans ressources, sombre peu à peu dans la pauvreté et se retrouve contraint de louer une chambre à la masure Gorbeau. Trois années se passent ainsi.

Chapitre 3

M. Leblanc et Mlle Lanoire

Marius à cette époque était un beau jeune homme de moyenne taille, avec d'épais cheveux très noirs, un front haut et intelligent, les narines ouvertes et passionnées, l'air sincère et calme, et sur tout son visage je ne sais quoi qui était hautain, pensif et innocent. Ses façons étaient réservées, froides, polies, peu ouvertes. Comme sa bouche était charmante, ses lèvres les plus vermeilles et ses dents les plus blanches du monde, son sourire corrigeait ce que toute sa physionomie avait de sévère. À de certains moments, c'était un singulier contraste que ce front chaste et ce sourire voluptueux. Il avait l'œil petit et le regard grand.

Au temps de sa pire misère, il remarquait que les jeunes filles se retournaient quand il passait, et il se sauvait ou se cachait, la mort dans l'âme. Il pensait qu'elles le regardaient pour ses vieux habits et qu'elles en riaient; le fait est qu'elles le regardaient pour sa grâce et qu'elles en rêvaient.

Ce muet malentendu entre lui et les jolies passantes l'avait rendu farouche. Il n'en choisit aucune, par l'excellente raison qu'il s'enfuyait devant toutes. Il vécut ainsi indéfiniment, – bêtement, disait Courfeyrac.

Depuis plus d'un an, Marius remarquait dans une allée déserte du Luxembourg, l'allée qui longe le parapet de la Pépinière, un homme et une toute jeune fille presque toujours assis côte à côte sur le même banc, à l'extrémité la plus solitaire de l'allée, du côté de la rue de l'Ouest. Chaque fois que ce hasard qui se mêle aux promenades des gens dont l'œil est retourné en dedans amenait Marius dans cette allée, et c'était presque tous les jours, il y retrouvait ce couple. L'homme pouvait avoir une soixantaine d'années, il paraissait triste et sérieux; toute sa personne offrait cet aspect robuste et fatigué des gens de guerre retirés du service. S'il avait eu une décoration, Marius eût dit: c'est un ancien officier. Il avait l'air bon, mais inabordable[1], et il n'arrêtait jamais son regard sur le regard de personne. Il portait un pantalon bleu, une redingote bleue et un chapeau à bords larges, qui paraissaient toujours neufs, une cravate noire et une chemise de quaker[2], c'est-à-dire,

1. **Inabordable**: avec lequel on peut difficilement engager la conversation.
2. **Quaker**: aux États-Unis, protestant à la tenue austère.

éclatante de blancheur, mais de grosse toile. Une grisette[1] passant un jour près de lui, dit : Voilà un veuf fort propre. Il avait les cheveux très blancs.

La première fois que la jeune fille qui l'accompagnait vint s'asseoir avec lui sur le banc qu'ils semblaient avoir adopté, c'était une façon[2] de fille de treize ou quatorze ans, maigre, au point d'en être presque laide, gauche, insignifiante, et qui promettait peut-être d'avoir d'assez beaux yeux. Seulement ils étaient toujours levés avec une sorte d'assurance déplaisante. Elle avait cette mise à la fois vieille et enfantine des pensionnaires de couvent ; une robe mal coupée de gros mérinos[3] noir. Ils avaient l'air du père et de la fille.

Marius examina pendant deux ou trois jours cet homme vieux qui n'était pas encore un vieillard et cette petite fille qui n'était pas encore une personne, puis il n'y fit plus aucune attention. Eux de leur côté semblaient ne pas même le voir. Ils causaient entre eux d'un air paisible et indifférent. La fille jasait sans cesse, et gaîment. Le vieux homme parlait peu, et, par instants il attachait sur elle des yeux remplis d'une ineffable paternité.

1. **Grisette :** jeune femme du peuple qui se laisse facilement séduire (péjoratif).
2. **Façon :** sorte.
3. **Mérinos :** laine.

Jean Valjean (Dominic West) et Cosette (Ellie Bamber) dans *Les Misérables*, série d'Andrew Davies et Tom Shankland, 2018-2019.

Marius avait pris l'habitude machinale de se promener dans cette allée. Il les y retrouvait invariablement.

Voici comment la chose se passait :

Marius arrivait le plus volontiers[1] par le bout de l'allée opposé à leur banc. Il marchait toute la longueur de l'allée, passait devant eux, puis s'en retournait jusqu'à l'extrémité par où il était venu, et recommençait. Il faisait ce va-et-vient cinq ou six fois dans sa promenade, et cette promenade cinq ou six fois par semaine sans qu'ils en fussent arrivés, ces gens et lui, à échanger un salut. Ce personnage

1. **Le plus volontiers :** ici, le plus souvent.

et cette jeune fille, quoiqu'ils parussent et peut-être parce qu'ils paraissaient éviter les regards, avaient naturellement quelque peu éveillé l'attention des cinq ou six étudiants qui se promenaient de temps en temps le long de la Pépinière, les studieux après leur cours, les autres après leur partie de billard. Courfeyrac, qui était des derniers, les avait observés quelque temps, mais trouvant la fille laide, il s'en était bien vite et soigneusement écarté. Il s'était enfui comme un Parthe[1] en leur décochant un sobriquet[2]. Frappé uniquement de la robe de la petite et des cheveux du vieux, il avait appelé la fille *mademoiselle Lanoire* et le père *monsieur Leblanc*, si bien que, personne ne les connaissant d'ailleurs, en l'absence du nom, le surnom avait fait loi. Les étudiants disaient : « Ah ! monsieur Leblanc est à son banc ! » et Marius, comme les autres, avait trouvé commode d'appeler ce monsieur inconnu M. Leblanc.

Nous ferons comme eux, et nous dirons M. Leblanc pour la facilité de ce récit.

Marius les vit ainsi presque tous les jours à la même heure pendant la première année. Il trouvait l'homme à son gré[3], mais la fille assez maussade[4].

1. **S'était enfui comme un Parthe :** avait pris ses jambes à son cou. Dans l'Antiquité, les cavaliers parthes étaient connus pour s'enfuir très vite en se retournant pour décocher des flèches mortelles vers les ennemis qui les pourchassaient.
2. **Sobriquet :** surnom (péjoratif).
3. **À son gré :** sympathique.
4. **Maussade :** triste.

Chapitre 4

Premiers regards

La seconde année, précisément au point de cette histoire où le lecteur est parvenu, il arriva que cette habitude du Luxembourg s'interrompit, sans que Marius sût trop pourquoi lui-même, et qu'il fut près de six mois sans mettre les pieds dans son allée. Un jour enfin il y retourna. C'était par une sereine matinée d'été, Marius était joyeux comme on l'est quand il fait beau. Il lui semblait qu'il avait dans le cœur tous les chants d'oiseaux qu'il entendait et tous les morceaux du ciel bleu qu'il voyait à travers les feuilles des arbres.

Il alla droit à « son allée », et, quand il fut au bout, il aperçut, toujours sur le même banc, ce couple connu. Seulement, quand il approcha, c'était bien le même homme ; mais il lui parut que ce n'était plus la même fille. La personne qu'il voyait maintenant était une grande et belle créature ayant toutes les formes les plus charmantes de la femme à ce moment précis où elles se combinent encore avec toutes les grâces les plus naïves de l'enfant ; moment fugitif et pur que peuvent seuls traduire ces deux mots : quinze ans. C'étaient d'admirables cheveux châtains nuancés de veines dorées, un front qui semblait fait de marbre, des joues qui semblaient faites d'une feuille de rose, un incarnat[1] pâle, une blancheur émue, une bouche exquise d'où le sourire sortait comme une clarté et la parole comme une musique, une tête que Raphaël eût donnée à Marie

1. **Incarnat :** rouge.

Mead Schaeffer, illustration pour *Les Misérables*, 1929.

posée sur un cou que Jean Goujon eût donné à Vénus[1]. Et, afin que rien ne manquât à cette ravissante figure, le nez n'était pas beau, il était joli ; ni droit ni courbé, ni italien ni grec ; c'était le nez parisien ; c'est-à-dire quelque chose de spirituel, de fin, d'irrégulier et de pur, qui désespère les peintres et qui charme les poètes.

Quand Marius passa près d'elle, il ne put voir ses yeux qui étaient constamment baissés. Il ne vit que ses longs cils châtains pénétrés d'ombre et de pudeur.

Cela n'empêchait pas la belle enfant de sourire tout en écoutant l'homme à cheveux blancs qui lui parlait, et rien n'était ravissant comme ce frais sourire avec des yeux baissés.

Dans le premier moment, Marius pensa que c'était une autre fille du même homme, une sœur sans doute de la première. Mais, quand l'invariable habitude de la promenade le ramena pour la seconde fois près du banc, et qu'il l'eut examinée avec attention, il reconnut que c'était la même. En six mois la petite fille était devenue jeune fille ; voilà tout. Rien n'est plus fréquent que ce phénomène. Il y a un instant où les filles s'épanouissent en un clin d'œil et deviennent des roses tout à coup. Hier on les a laissées enfants, aujourd'hui on les retrouve inquiétantes.

La seconde fois que Marius arriva près d'elle, la jeune fille leva les paupières. Ses yeux étaient d'un bleu céleste et profond, mais dans cet azur voilé il n'y avait encore que le regard d'un enfant. Elle regarda Marius avec indifférence, comme elle eût regardé le

1. Références aux représentations de la Vierge Marie dans les tableaux du peintre Raphaël (1483-1520) et aux sculptures de Vénus, déesse de l'amour, de Jean Goujon (1510-1566).

marmot qui courait sous les sycomores[1], ou le vase de marbre qui faisait de l'ombre sur le banc ; et Marius de son côté continua sa promenade en pensant à autre chose.

Il passa encore quatre ou cinq fois près du banc où était la jeune fille, mais sans même tourner les yeux vers elle.

Les jours suivants, il revint comme à l'ordinaire au Luxembourg, comme à l'ordinaire, il y trouva « le père et la fille », mais il n'y fit plus attention. Il ne songea pas plus à cette fille quand elle fut belle qu'il n'y songeait lorsqu'elle était laide. Il passait toujours fort près du banc où elle était, parce que c'était son habitude.

Chapitre 5
L'éveil des sentiments

Un jour, l'air était tiède, le Luxembourg était inondé d'ombre et de soleil, le ciel était pur comme si les anges l'eussent lavé le matin, les passereaux poussaient de petits cris dans les profondeurs des marronniers, Marius avait ouvert toute son âme à la nature, il ne pensait à rien, il vivait et il respirait, il passa près de ce banc, la jeune fille leva les yeux sur lui, leurs deux regards se rencontrèrent.

Qu'y avait-il cette fois dans le regard de la jeune fille ? Marius n'eût pu le dire. Il n'y avait rien et il y avait tout. Ce fut un étrange éclair.

1. **Sycomores :** variété d'arbres.

Elle baissa les yeux, et il continua son chemin.

Ce qu'il venait de voir, ce n'était pas l'œil ingénu[1] et simple d'un enfant, c'était un gouffre mystérieux qui s'était entr'ouvert, puis brusquement refermé.

Il y a un jour où toute jeune fille regarde ainsi. Malheur à qui se trouve là !

Il est rare qu'une rêverie profonde ne naisse pas de ce regard là où il tombe. Toutes les puretés et toutes les ardeurs se concentrent dans ce rayon céleste et fatal qui, plus que les œillades[2] les mieux travaillées des coquettes, a le pouvoir magique de faire subitement éclore au fond d'une âme cette fleur sombre, pleine de parfums et de poisons, qu'on appelle l'amour.

Le soir, en rentrant dans son galetas, Marius jeta les yeux sur son vêtement, et s'aperçut pour la première fois qu'il avait la malpropreté, l'inconvenance[3] et la stupidité inouïe d'aller se promener au Luxembourg avec ses habits « de tous les jours », c'est-à-dire avec un chapeau cassé près de la ganse[4], de grosses bottes de roulier, un pantalon noir blanc aux genoux et un habit noir pâle aux coudes.

1. **Ingénu :** innocent, naïf.
2. **Œillades :** regards visant à séduire.
3. **Inconvenance :** attitude contraire aux bonnes manières.
4. **Ganse :** ruban plat qui orne un chapeau.

Chapitre 6

Maladie d'amour

Le lendemain, à l'heure accoutumée, Marius tira de son armoire son habit neuf, son pantalon neuf, son chapeau neuf et ses bottes neuves ; il se revêtit de cette panoplie complète, mit des gants, luxe prodigieux, et s'en alla au Luxembourg.

En débouchant dans l'allée, il aperçut à l'autre bout « sur leur banc » M. Leblanc et la jeune fille. Il boutonna son habit jusqu'en haut, le tendit sur son torse pour qu'il ne fît pas de plis, examina avec une certaine complaisance[1] les reflets lustrés de son pantalon, et marcha sur le banc. Il y avait de l'attaque[2] dans cette marche et certainement une velléité[3] de conquête. Je dis donc : « il marcha sur le banc », comme je dirais : « Annibal[4] marcha sur Rome ».

Tout en approchant du banc, il tendait les plis de son habit, et ses yeux se fixaient sur la jeune fille. Il lui semblait qu'elle emplissait toute l'extrémité de l'allée d'une vague lueur bleue.

À mesure qu'il approchait, son pas se ralentissait de plus en plus. Parvenu à une certaine distance du banc, bien avant d'être à la fin de l'allée, il s'arrêta, et il ne put savoir lui-même comment il se fit qu'il rebroussa chemin. Il ne se dit même point qu'il n'allait pas jusqu'au bout. Ce fut à peine si la jeune fille put l'apercevoir de loin et voir le bel air qu'il avait dans ses habits

1. **Complaisance :** satisfaction.
2. **Attaque :** détermination.
3. **Velléité :** volonté.
4. **Annibal :** ou Hannibal (IIIe-IIe siècle av J.-C.), général carthaginois qui traversa les Alpes puis entra dans Rome à dos d'éléphant.

neufs. Cependant il se tenait très droit, pour avoir bonne mine dans le cas où quelqu'un qui serait derrière lui le regarderait.

Il atteignit le bout opposé, puis revint, et cette fois il s'approcha un peu plus près du banc. Il parvint même jusqu'à une distance de trois intervalles d'arbres, mais là il sentit je ne sais quelle impossibilité d'aller plus loin, et il hésita. Il avait cru voir le visage de la jeune fille se pencher vers lui. Cependant il fit un effort viril et violent, dompta l'hésitation, et continua d'aller en avant. Quelques secondes après, il passait devant le banc, droit et ferme, rouge jusqu'aux oreilles, sans oser jeter un regard à droite, ni à gauche, la main dans son habit comme un homme d'État. Au moment où il passa – sous le canon de la place – il éprouva un affreux battement de cœur. Elle avait comme la veille sa robe de damas[1] et son chapeau de crêpe. Il entendit une voix ineffable qui devait être « sa voix ». Elle causait tranquillement. Elle était bien jolie. Il le sentait, quoiqu'il n'essayât pas de la voir.

Il dépassa le banc, alla jusqu'à l'extrémité de l'allée qui était tout proche, puis revint sur ses pas et passa encore devant la belle fille. Cette fois il était très pâle. Du reste il n'éprouvait rien que de fort désagréable. Il s'éloigna du banc et de la jeune fille, et, tout en lui tournant le dos, il se figurait qu'elle le regardait, et cela le faisait trébucher.

Il n'essaya plus de s'approcher du banc, il s'arrêta vers la moitié de l'allée, et là, chose qu'il ne faisait jamais, il s'assit, jetant des regards de côté, et songeant, dans les profondeurs les plus indistinctes de son esprit, qu'après tout il était difficile

1. **Damas :** tissu réversible orné de dessins en relief.

que les personnes dont il admirait le chapeau blanc et la robe noire fussent absolument insensibles à son pantalon lustré et à son habit neuf.

Au bout d'un quart d'heure il se leva, comme s'il allait recommencer à marcher vers ce banc qu'une auréole entourait. Cependant il restait debout et immobile. Pour la première fois depuis quinze mois il se dit que ce monsieur qui s'asseyait là tous les jours avec sa fille l'avait sans doute remarqué de son côté et trouvait probablement son assiduité[1] étrange.

Pour la première fois aussi il sentit quelque irrévérence[2] à désigner cet inconnu, même dans le secret de sa pensée, par le sobriquet de M. Leblanc.

Il demeura ainsi quelques minutes la tête baissée, et faisant des dessins sur le sable avec une baguette qu'il avait à la main.

Puis il se tourna brusquement du côté opposé au banc, à M. Leblanc et à sa fille, et s'en revint chez lui.

Ce jour-là il oublia d'aller dîner. À huit heures du soir il s'en aperçut, et comme il était trop tard pour descendre rue Saint-Jacques, « Tiens ! » dit-il, et il mangea un morceau de pain.

Il ne se coucha qu'après avoir brossé son habit et l'avoir plié avec soin.

Quelques jours plus tard, Mlle Lanoire pose enfin son regard sur Marius. Le coup de foudre est immédiat. Pendant un long mois, le jeune homme se rend tous les jours au Luxembourg, prenant garde de ne pas attirer l'attention du père, mais le vieil homme n'est pas dupe

1. **Assiduité :** fréquentation régulière (ici, du jardin du Luxembourg, où se rendent régulièrement les personnages).
2. **Irrévérence :** manque de respect.

et devine rapidement les intentions de Marius. Ce dernier va jusqu'à les suivre à leur demeure. Un beau jour, M. Leblanc et Mlle Lanoire cessent de venir au Luxembourg. Intrigué, Marius questionne le portier de leur immeuble qui l'informe que le père et sa fille ont quitté les lieux sans laisser d'adresse. Il plonge alors dans une tristesse infinie. Un soir, on frappe à la porte de sa chambre à la masure Gorbeau.

Chapitre 7

La fille Jondrette

Une toute jeune fille était debout dans la porte entrebâillée[1]. La lucarne du galetas où le jour paraissait était précisément en face de la porte et éclairait cette figure d'une lumière blafarde. C'était une créature hâve[2], chétive, décharnée[3] ; rien qu'une chemise et une jupe sur une nudité frissonnante et glacée. Pour ceinture une ficelle, pour coiffure une ficelle, des épaules pointues sortant de la chemise, une pâleur blonde et lymphatique[4], des clavicules terreuses, des mains rouges, la bouche entrouverte et dégradée, des dents de moins, l'œil terne, hardi et bas, les formes d'une jeune fille avortée[5] et le regard d'une vieille femme corrompue ; cinquante ans mêlés à quinze ans ; un de ces êtres qui sont tout ensemble faibles et horribles et qui font frémir ceux qu'ils ne font pas pleurer.

1. **Entrebaillée :** entrouverte.
2. **Hâve :** pâle et maigre.
3. **Décharnée :** extrêmement maigre.
4. **Lymphatique :** extrêmement claire.
5. **Avortée :** qui ne s'est pas parfaitement développée.

Marius s'était levé et considérait avec une sorte de stupeur cet être presque pareil aux formes de l'ombre qui traversent les rêves.

Ce visage n'était pas absolument inconnu à Marius. Il croyait se rappeler l'avoir vu quelque part.

« Que voulez-vous, mademoiselle ? » demanda-t-il.

La jeune fille répondit avec sa voix de galérien ivre :

« C'est une lettre pour vous, monsieur Marius. »

Elle appelait Marius par son nom ; il ne pouvait douter que ce ne fût à lui qu'elle eût affaire ; mais qu'était-ce que cette fille ? comment savait-elle son nom ?

Sans attendre qu'il lui dît d'avancer, elle entra. Elle entra résolument, regardant avec une sorte d'assurance qui serrait le cœur toute la chambre et le lit défait. Elle avait les pieds nus. De larges trous à son jupon laissaient voir ses longues jambes et ses genoux maigres. Elle grelottait.

Elle tenait en effet une lettre à la main qu'elle présenta à Marius.

Marius en ouvrant cette lettre remarqua que le pain à cacheter[1] large et énorme était encore mouillé. Le message ne pouvait venir de bien loin. Il lut :

« Mon aimable voisin, jeune homme !

« J'ai appris vos bontés pour moi, que vous avez payé mon terme[2] il y a six mois[3]. Je vous bénis, jeune homme. Ma fille

1. **Pain à cacheter :** petit morceau de pain, de forme ronde, que l'on mouille avec ses lèvres pour fermer une lettre.
2. **Terme :** loyer.
3. Marius, bien que lui-même très pauvre, a réglé le loyer de la famille Jondrette.

Émile Antoine Bayard, *Marius et Éponine*,
1862, gravure colorisée.

aînée vous dira que nous sommes sens un morceau de pain depuis deux jours, quatre personnes, et mon épouse malade. Si je ne suis point dessu[1] dans ma pensée[2], je crois devoir espérer que votre cœur généreux s'humanisera à cet exposé et vous subjuguera[3] le désir de m'être propice[4] en daignant me prodiguer un léger bienfait.

« Je suis avec la considération distinguée qu'on doit aux bienfaiteurs de l'humanité,

Jondrette.

« *P. S.* – Ma fille attendra vos ordres, cher monsieur Marius. »

Depuis assez longtemps déjà que Marius habitait la masure, il n'avait eu, nous l'avons dit, que de bien rares occasions de voir, d'entrevoir même son très infime voisinage. Il avait l'esprit ailleurs, et où est l'esprit est le regard.

Maintenant il voyait clairement tout. Il comprenait que son voisin Jondrette avait pour industrie[5] dans sa détresse d'exploiter la charité des personnes bienfaisantes, qu'il se procurait des adresses, et qu'il écrivait sous des noms supposés à des gens qu'il jugeait riches et pitoyables[6] des lettres que ses filles portaient, à leurs risques et périls, car ce père en était là qu'il risquait ses filles ; il jouait une partie avec la destinée et il les mettait au jeu.

1. **Sens […] dessu :** sans, déçu (Jondrette écrit en faisant des fautes d'orthographe).
2. **Si je ne suis point déçu dans ma pensée :** si je ne me trompe pas sur vous.
3. **Vous subjuguera :** provoquera vivement chez vous.
4. **Propice :** bienveillant, généreux.
5. **Avait pour industrie :** avait mis en place un procédé malhonnête.
6. **Pitoyables :** qui éprouvent facilement de la pitié.

Cependant, tandis que Marius attachait sur elle un regard étonné et douloureux, la jeune fille allait et venait dans la mansarde avec une audace de spectre. Elle se démenait sans se préoccuper de sa nudité. Par instants, sa chemise défaite et déchirée lui tombait presque à la ceinture. Elle remuait les chaises, elle dérangeait les objets de toilette posés sur la commode, elle touchait aux vêtements de Marius, elle furetait[1] ce qu'il y avait dans les coins.

Puis elle considéra Marius, prit un air étrange, et lui dit :

« Savez-vous, monsieur Marius, que vous êtes très joli garçon ? »

Et en même temps il leur vint à tous les deux la même pensée, qui la fit sourire et qui le fit rougir.

Elle s'approcha de lui, et lui posa une main sur l'épaule.

« Vous ne faites pas attention à moi, mais je vous connais, monsieur Marius. Je vous rencontre ici dans l'escalier, et puis je vous vois entrer chez un appelé le père Mabeuf qui demeure du côté d'Austerlitz, des fois, quand je me promène par là. Cela vous va très bien, vos cheveux ébouriffés. »

Sa voix cherchait à être très douce et ne parvenait qu'à être basse. Une partie des mots se perdait dans le trajet du larynx aux lèvres comme sur un clavier où il manque des notes.

Marius s'était reculé doucement.

Elle ramena sa chemise sur ses épaules, fit un profond salut à Marius, puis un signe familier de la main, et se dirigea vers la porte en disant :

1. **Furetait :** fouillait avec indiscrétion.

« Bonjour, monsieur. C'est égal. Je vas trouver mon vieux[1]. »

En passant, elle aperçut sur la commode une croûte de pain desséchée qui y moisissait dans la poussière ; elle se jeta dessus et y mordit en grommelant :

« C'est bon ! c'est dur ! ça me casse les dents ! »

Puis elle sortit.

Curieux d'en savoir plus sur ces nouveaux voisins, Marius les espionne à travers un petit trou dans la cloison qui sépare sa chambre de leur habitation. Les Jondrette s'impatientent à l'annonce de la venue d'un mystérieux philanthrope[2] à qui ils comptent bien soutirer de l'argent. Quand le visiteur entre, Marius n'en revient pas : il s'agit de M. Leblanc accompagné de sa fille ! Les Jondrette en ont après cet homme qu'ils pensent connaître et ont fait appel à une bande de malfrats nommée Patron-Minette pour s'en venger. Marius, qui a tout entendu, décide de prévenir la police. Il révèle l'histoire du complot à l'inspecteur Javert qui lui conseille de retourner discrètement dans sa chambre, muni d'une arme.

1. **Je vas trouver mon vieux :** je vais retrouver mon père (argot).
2. **Philanthrope :** personne qui œuvre pour le bien des autres et vient en aide aux personnes dans le besoin.

Chapitre 8

Le guet-apens

M. Leblanc était très pâle. Il considérait tout dans le bouge[1] autour de lui comme un homme qui comprend où il est tombé, et sa tête, tour à tour dirigée vers toutes les têtes qui l'entouraient, se mouvait sur son cou avec une lenteur attentive et étonnée, mais il n'y avait dans son air rien qui ressemblât à la peur. Il s'était fait de la table un retranchement improvisé; et cet homme qui, le moment d'auparavant, n'avait l'air que d'un bon vieux homme, était devenu subitement une sorte d'athlète, et posait son poing robuste sur le dossier de sa chaise avec un geste redoutable et surprenant.

Ce vieillard, si ferme et si brave devant un tel danger, semblait être de ces natures qui sont courageuses comme elles sont bonnes, aisément et simplement. Le père d'une femme qu'on aime n'est jamais un étranger pour nous. Marius se sentit fier de cet inconnu.

Trois des hommes aux bras nus dont Jondrette avait dit: *ce sont des fumistes*[2], avaient pris dans le tas de ferrailles, l'un une grande cisaille, l'autre une pince à faire des pesées, le troisième un marteau, et s'étaient mis en travers de la porte sans prononcer une parole. Le vieux était resté sur le lit, et avait seulement ouvert les yeux. La Jondrette s'était assise à côté de lui.

1. **Bouge:** logement misérable.
2. **Fumistes:** ouvriers spécialisés dans l'entretien et la construction de cheminées.

Marius pensa qu'avant quelques secondes le moment d'intervenir serait arrivé, et il éleva sa main droite vers le plafond, dans la direction du corridor, prêt à lâcher son coup de pistolet.

Jondrette, son colloque avec l'homme à la trique[1] terminé, se tourna de nouveau vers M. Leblanc et répéta sa question en l'accompagnant de ce rire bas, contenu et terrible qu'il avait:

« Vous ne me reconnaissez donc pas ? »

M. Leblanc le regarda en face et répondit:

« Non. »

Alors Jondrette vint jusqu'à la table. Il se pencha par-dessus la chandelle, croisant les bras, approchant sa mâchoire anguleuse et féroce du visage calme de M. Leblanc, et avançant le plus qu'il pouvait sans que M. Leblanc reculât, et, dans cette posture de bête fauve qui va mordre, il cria:

« Je ne m'appelle pas Fabantou[2], je ne m'appelle pas Jondrette, je me nomme Thénardier ! je suis l'aubergiste de Montfermeil ! entendez-vous bien ? Thénardier ! Maintenant me reconnaissez-vous ? »

Une imperceptible rougeur passa sur le front de M. Leblanc, et il répondit sans que sa voix tremblât, ni s'élevât, avec sa placidité[3] ordinaire:

« Pas davantage. »

Marius n'entendit pas cette réponse. Ce nom de Thénardier, que M. Leblanc ne semblait pas connaître, Marius le connaissait. Qu'on se rappelle ce que ce nom était pour lui ! Ce nom, il l'avait

1. **Trique:** gourdin, gros bâton.
2. **Fabantou:** autre nom d'emprunt de Thénardier.
3. **Placidité:** calme, absence de violence.

porté sur son cœur, écrit dans le testament de son père ! il le portait au fond de sa pensée, au fond de sa mémoire, dans cette recommandation sacrée : « Un nommé Thénardier m'a sauvé la vie. Si mon fils le rencontre, il lui fera tout le bien qu'il pourra. » Ce nom, on s'en souvient, était une des piétés[1] de son âme ; il le mêlait au nom de son père dans son culte. Quoi ! c'était là ce Thénardier, c'était là cet aubergiste de Montfermeil qu'il avait vainement et si longtemps cherché ! Il le trouvait enfin, et comment ! ce sauveur de son père était un bandit ! Quelle fatalité !

S'il tirait le coup de pistolet, M. Leblanc était sauvé et Thénardier était perdu ; s'il ne le tirait pas, M. Leblanc était sacrifié et, qui sait ? Thénardier échappait. Précipiter l'un, ou laisser tomber l'autre ! remords des deux côtés. Que faire ? que choisir ?

Cependant Thénardier, nous ne le nommerons plus autrement désormais, se promenait de long en large devant la table dans une sorte d'égarement et de triomphe frénétique.

Il prit à plein poing la chandelle et la posa sur la cheminée avec un frappement si violent que la mèche faillit s'éteindre et que le suif[2] éclaboussa le mur.

Puis il se tourna vers M. Leblanc, effroyable, et cracha ceci :

« Flambé ! fumé ! fricassé[3] ! à la crapaudine[4] ! »

Et il se remit à marcher, en pleine explosion.

« Ah ! criait-il, je vous retrouve enfin, monsieur le philanthrope ! monsieur le millionnaire râpé ! monsieur le donneur de poupées !

1. **Piétés :** marques de croyance envers la religion.
2. **Suif :** cire fondue de la bougie.
3. **Fricassé :** la fricassée est une spécialité à base de poulet et de sauce blanche.
4. **À la crapaudine :** comme on cuisine les volailles.

vieux Jocrisse[1] ! Ah ! vous ne me reconnaissez pas ! Non, ce n'est pas vous qui êtes venu à Montfermeil, à mon auberge, il y a huit ans, la nuit de Noël 1823 ! ce n'est pas vous qui avez emmené de chez moi l'enfant de la Fantine, l'Alouette ! ce n'est pas vous qui aviez un carrick[2] jaune ! non ! et un paquet plein de nippes à la main comme ce matin chez moi ! Parbleu[3] ! vous vous êtes moqué de moi autrefois. Vous êtes cause de tous mes malheurs ! Vous avez eu pour quinze cents francs une fille que j'avais, et qui était certainement à des riches, et qui m'avait déjà rapporté beaucoup d'argent, et dont je devais tirer de quoi vivre toute ma vie ! une fille qui m'aurait dédommagé de tout ce que j'ai perdu dans cette abominable gargote où l'on faisait des sabbats sterlings[4] et où j'ai mangé comme un imbécile tout mon saint-frusquin[5] ! Oh ! je voudrais que tout le vin qu'on a bu chez moi fût du poison à ceux qui l'ont bu ! Enfin n'importe ! Dites donc ! vous avez dû me trouver farce[6] quand vous vous êtes en allé avec l'Alouette ! Vous aviez votre gourdin dans la forêt ! Vous étiez le plus fort. Revanche. C'est moi qui ai l'atout aujourd'hui ! Vous êtes fichu, mon bonhomme ! »

Thénardier cessa. Il était essoufflé.

M. Leblanc ne l'interrompit pas, mais lui dit lorsqu'il s'interrompit :

1. **Jocrisse :** personnage de théâtre comique, connu pour sa naïveté et sa crédulité.
2. **Carrick :** manteau.
3. **Parbleu :** juron.
4. **Sabbats sterlings :** repas très coûteux (argot).
5. **Saint-frusquin :** ensemble des biens que possède une personne (familier).
6. **Farce :** bête, idiot.

« Je ne sais ce que vous voulez dire. Vous vous méprenez[1]. Je suis un homme très pauvre et rien moins qu'un millionnaire. Je ne vous connais pas. Vous me prenez pour un autre.

– Ah ! râla Thénardier, la bonne balançoire[2] ! Vous tenez à cette plaisanterie ! Vous pataugez, mon vieux ! Ah ! vous ne vous souvenez pas ? Vous ne voyez pas qui je suis !

– Pardon, monsieur, répondit M. Leblanc avec un accent de politesse qui avait en un pareil moment quelque chose d'étrange et de puissant, je vois que vous êtes un bandit.

– Bandit ! oui, je sais que vous nous appelez comme cela, messieurs les gens riches ! Tiens ! c'est vrai, j'ai fait faillite, je me cache, je n'ai pas de pain, je n'ai pas le sou, je suis un bandit ! Voilà trois jours que je n'ai mangé, je suis un bandit ! je ne suis pas un homme louche, moi ! je ne suis pas un homme dont on ne sait point le nom et qui vient enlever des enfants dans les maisons ! Je suis un ancien soldat français, je devrais être décoré ! J'étais à Waterloo, moi ! et j'ai sauvé dans la bataille un général appelé le comte de je ne sais quoi ! »

Marius avait repris quelque empire[3] sur ses angoisses, et écoutait. La dernière possibilité de doute venait de s'évanouir. C'était bien le Thénardier du testament.

Depuis quelques instants, M. Leblanc semblait suivre et guetter tous les mouvements de Thénardier, qui, aveuglé et ébloui par sa propre rage, allait et venait dans le repaire[4] avec la confiance

1. **Méprenez :** trompez.
2. **Balançoire :** blague (familier).
3. **Empire :** ici, contrôle.
4. **Repaire :** lieu où se retrouvent des bandits.

de sentir la porte gardée, de tenir, armé, un homme désarmé, et d'être neuf contre un, en supposant que la Thénardier ne comptât que pour un homme. Dans son apostrophe[1] à l'homme au merlin[2], il tournait le dos à M. Leblanc.

M. Leblanc saisit ce moment, repoussa du pied la chaise, du poing la table, et d'un bond, avec une agilité prodigieuse, avant que Thénardier eût eu le temps de se retourner, il était à la fenêtre. L'ouvrir, escalader l'appui, l'enjamber, ce fut une seconde. Il était à moitié dehors quand six poings robustes le saisirent et le ramenèrent énergiquement dans le bouge. C'étaient les trois « fumistes » qui s'étaient élancés sur lui. En même temps, la Thénardier l'avait empoigné aux cheveux.

Marius ne put résister à ce spectacle. « Mon père, pensa-t-il, pardonne-moi ! » Et son doigt chercha la détente du pistolet. Le coup allait partir lorsque la voix de Thénardier cria :

« Ne lui faites pas de mal ! »

Une lutte herculéenne[3] s'était engagée. D'un coup de poing en plein torse M. Leblanc avait envoyé le vieux rouler au milieu de la chambre, puis de deux revers de main avait terrassé deux autres assaillants, et il en tenait un sous chacun de ses genoux ; les misérables râlaient sous cette pression comme sous une meule de granit ; mais les quatre autres avaient saisi le redoutable vieillard aux deux bras et à la nuque et le tenaient accroupi sur les deux « fumistes » terrassés. Ainsi, maître des uns et maîtrisé par les autres, écrasant

1. **Apostrophe :** action d'interpeler vivement.
2. **Merlin :** hache.
3. **Herculéenne :** digne d'Hercule, héros de la mythologie grecque réputé pour sa force extraordinaire.

Gaston Niezab, *Jondrette tend un guet-apens à M. Leblanc*, illustration pour *Les Misérables*, 1947.

ceux d'en bas et étouffant sous ceux d'en haut, secouant vainement tous les efforts qui s'entassaient sur lui, M. Leblanc disparaissait sous le groupe horrible des bandits comme un sanglier sous un monceau hurlant de dogues et de limiers[1].

Ils parvinrent à le renverser sur le lit le plus proche de la croisée[2] et l'y tinrent en respect[3]. La Thénardier ne lui avait pas lâché les cheveux.

1. **Dogues et [...] limiers:** chiens de chasse.
2. **Croisée:** fenêtre.
3. **L'y tinrent en respect:** le gardèrent à distance en l'empêchant de bouger.

« Toi, dit Thénardier, ne t'en mêle pas. Tu vas déchirer ton châle. »

La Thénardier obéit, comme la louve obéit au loup, avec un grondement.

« Vous autres, reprit Thénardier, fouillez-le. »

M. Leblanc semblait avoir renoncé à la résistance. On le fouilla. Il n'avait rien sur lui qu'une bourse de cuir qui contenait six francs, et son mouchoir.

Thénardier mit le mouchoir dans sa poche.

« Quoi ! pas de portefeuille ? demanda-t-il.

– Ni de montre, répondit un des « fumistes ».

– C'est égal, murmura avec une voix de ventriloque l'homme masqué qui tenait la grosse clef, c'est un vieux rude ! »

Thénardier alla au coin de la porte et y prit un paquet de cordes, qu'il leur jeta.

« Attachez-le au pied du lit », dit-il.

Le grabat[1] où M. Leblanc avait été renversé était une façon de lit d'hôpital porté sur quatre montants grossiers en bois à peine équarri[2]. M. Leblanc se laissa faire. Les brigands le lièrent solidement, debout et les pieds posant à terre, au montant du lit le plus éloigné de la fenêtre et le plus proche de la cheminée.

Quand le dernier nœud fut serré, Thénardier prit une chaise et vint s'asseoir presque en face de M. Leblanc. Thénardier ne se ressemblait plus, en quelques instants sa physionomie avait passé de la violence effrénée à la douceur tranquille et rusée.

« Monsieur... » fit Thénardier.

1. **Grabat :** lit de mauvaise qualité.
2. **Équarri :** taillé à angles droits.

Et écartant du geste les brigands qui avaient encore la main sur M. Leblanc :

« Éloignez-vous un peu, et laissez-moi causer avec monsieur. »

Tous se retirèrent vers la porte. Il reprit :

« Monsieur, vous avez eu tort de vouloir sauter par la fenêtre. Vous auriez pu vous casser une jambe. Maintenant, si vous le permettez, nous allons causer tranquillement. Il faut d'abord que je vous communique une remarque que j'ai faite, c'est que vous n'avez pas encore poussé le moindre cri. »

Thénardier avait raison, ce détail était réel, quoiqu'il eût échappé à Marius dans son trouble. M. Leblanc avait à peine prononcé quelques paroles sans hausser la voix, et, même dans sa lutte près de la fenêtre avec les six bandits, il avait gardé le plus profond et le plus singulier silence. Thénardier poursuivit :

« Mon Dieu ! vous auriez un peu crié au voleur, que je ne l'aurais pas trouvé inconvenant ! Eh bien, vous n'avez pas crié ; c'est que vous ne vous souciez pas plus que nous de voir arriver la justice et la police. C'est que, – il y a longtemps que je m'en doute, – vous avez un intérêt quelconque à cacher quelque chose. De notre côté nous avons le même intérêt. Donc nous pouvons nous entendre. »

Thénardier se leva sans affectation[1], alla à la cheminée, déplaça le paravent qu'il appuya au grabat voisin, et démasqua ainsi le réchaud plein de braise ardente dans laquelle le prisonnier pouvait parfaitement voir le ciseau rougi à blanc et piqué çà et là de petites étoiles écarlates.

1. **Sans affectation :** de façon naturelle.

Puis Thénardier vint se rasseoir près de M. Leblanc.

« Je continue, dit-il. Nous pouvons nous entendre. Arrangeons ceci à l'amiable[1]. Deux cent mille francs, ça vaut ça. Une fois cette bagatelle[2] sortie de votre poche, je vous réponds que tout est dit et que vous n'avez pas à craindre une pichenette[3]. Vous me direz : Mais je n'ai pas deux cent mille francs sur moi. Oh ! je ne suis pas exagéré. Je n'exige pas cela. Je ne vous demande qu'une chose. Ayez la bonté d'écrire ce que je vais vous dicter. »

Le prisonnier parla enfin.

« Comment voulez-vous que j'écrive ? je suis attaché.

– C'est vrai, pardon ! fit Thénardier, vous avez bien raison. »

Et se tournant vers Bigrenaille[4] :

« Déliez le bras droit de monsieur. »

M. Leblanc prit la plume.

Thénardier commença à dicter : « – Ma fille... »

Le prisonnier tressaillit et leva les yeux sur Thénardier.

« Mettez « ma chère fille », dit Thénardier. M. Leblanc obéit. Thénardier continua :

– « Viens sur-le-champ... »

Il s'interrompit

« Vous la tutoyez, n'est-ce pas ?

– Qui ? demanda M. Leblanc.

– Parbleu ! dit Thénardier, la petite, l'Alouette. »

M. Leblanc répondit sans la moindre émotion apparente :

1. **À l'amiable :** par la conciliation, sans violence.
2. **Bagatelle :** somme d'argent dérisoire.
3. **Pichenette :** petit coup porté du bout des doigts.
4. **Bigrenaille :** un des malfrats évoqués plus haut.

« Je ne sais ce que vous voulez dire.

– Allez toujours, fit Thénardier ; et il se remit à dicter : « – Viens sur-le-champ. J'ai absolument besoin de toi. La personne qui te remettra ce billet est chargée de t'amener près de moi. Je t'attends. Viens avec confiance. »

M. Leblanc avait tout écrit. Thénardier reprit :

« Ah ! effacez *viens avec confiance ;* cela pourrait faire supposer que la chose n'est pas toute simple et que la défiance est possible. »

M. Leblanc ratura les trois mots.

« À présent, poursuivit Thénardier, signez. Comment vous appelez-vous ? »

Le prisonnier posa la plume et demanda :

« Pour qui est cette lettre ?

– Vous le savez bien, répondit Thénardier. Pour la petite. Je viens de vous le dire. »

Il était évident que Thénardier évitait de nommer la jeune fille dont il était question.

Il reprit :

« Signez. Quel est votre nom ?

– Urbain Fabre[1] », dit le prisonnier.

Le prisonnier signa.

« Comme il faut les deux mains pour plier la lettre donnez, je vais la plier. »

Cela fait, Thénardier reprit :

1. **Urbain Fabre :** sur son mouchoir, Jean Valjean a fait broder les initiales « U. F. », qui correspondent à Ultime Fauchelevent, nom qu'il porte depuis qu'il a quitté le couvent du Petit-Picpus avec Cosette.

« Mettez l'adresse. *Mademoiselle Fabre*, chez vous. Je sais que vous demeurez pas très loin d'ici, aux environs de Saint-Jacques-du-Haut-Pas, puisque c'est là que vous allez à la messe tous les jours, mais je ne sais pas dans quelle rue. Je vois que vous comprenez votre situation. Comme vous n'avez pas menti pour votre nom, vous ne mentirez pas pour votre adresse. Mettez-la vous-même. »

Le prisonnier resta un moment pensif, puis il reprit la plume et écrivit :

« Mademoiselle Fabre, chez monsieur Urbain Fabre, rue Saint-Dominique-d'Enfer n° 17. »

Thénardier saisit la lettre avec une sorte de convulsion fébrile.

« Ma femme ! » cria-t-il.

La Thénardier accourut.

« Voici la lettre. Tu sais ce que tu as à faire. Un fiacre[1] est en bas. Pars tout de suite, et reviens idem. »

Et s'adressant à l'homme au merlin :

– Toi, puisque tu as ôté ton cachez-nez, accompagne la bourgeoise. Tu monteras derrière le fiacre. Tu sais où tu as laissé la maringotte[2] ?

– Oui », dit l'homme.

Et, déposant son merlin dans un coin, il suivit la Thénardier.

Comme ils s'en allaient, Thénardier passa sa tête par la porte entrebâillée et cria dans le corridor :

« Surtout ne perds pas la lettre ! songe que tu as deux cent mille francs sur toi. »

La voix rauque de la Thénardier répondit :

1. **Fiacre :** voiture tirée par un cheval et dirigée par un cocher.
2. **Maringotte :** petite voiture à cheval.

Mead Schaeffer, illustration pour *Les Misérables*, 1929.

« Sois tranquille. Je l'ai mise dans mon estomac. »

Une minute ne s'était pas écoulée qu'on entendit le claquement d'un fouet qui décrut[1] et s'éteignit rapidement.

« Bon ! grommela Thénardier. Ils vont bon train. De ce galop-là la bourgeoise[2] sera de retour dans trois quarts d'heure. »

Il approcha une chaise de la cheminée et s'assit en croisant les bras et en présentant ses bottes boueuses au réchaud.

« J'ai froid aux pieds », dit-il.

Il ne restait plus dans le bouge avec Thénardier et le prisonnier que cinq bandits. Ces hommes, à travers les masques ou la glu[3] noire qui leur couvrait la face et en faisait, au choix de la peur, des charbonniers, des nègres ou des démons, avaient des airs engourdis et mornes, et l'on sentait qu'ils exécutaient un crime comme une besogne, tranquillement, sans colère et sans pitié, avec une sorte d'ennui.

Près d'une demi-heure passa ainsi. Thénardier paraissait absorbé par une méditation ténébreuse. Le prisonnier ne bougeait pas. Cependant Marius croyait par intervalles et depuis quelques instants entendre un petit bruit sourd du côté du prisonnier.

Tout à coup Thénardier apostropha le prisonnier :

« Dès que mon épouse sera revenue et qu'elle m'aura dit : L'Alouette est en route, nous vous lâcherons, et vous serez libre d'aller coucher chez vous. Vous voyez que nous n'avions pas de mauvaises intentions. »

1. **Décrut :** baissa en intensité.
2. **La bourgeoise :** ici, ma femme (argot).
3. **Glu :** matière visqueuse et collante que les malfrats ont appliquée sur leur visage pour ne pas être reconnus.

Au milieu de ce silence on entendit le bruit de la porte de l'escalier qui s'ouvrait, puis se fermait.

Le prisonnier fit un mouvement dans ses liens.

« Voici la bourgeoise, » dit Thénardier.

Il achevait à peine qu'en effet la Thénardier se précipita dans la chambre, rouge, essoufflée, haletante, les yeux flambants, et cria en frappant de ses grosses mains sur ses deux cuisses à la fois :

« Fausse adresse ! »

Le bandit qu'elle avait emmené avec elle, parut derrière elle et vint reprendre son merlin.

« Fausse adresse ? » répéta Thénardier.

Marius respira. Elle, Ursule, ou l'Alouette, celle qu'il ne savait plus comment nommer, était sauvée.

Pendant que sa femme exaspérée vociférait, Thénardier s'était assis sur la table ; il resta quelques instants sans prononcer une parole, balançant sa jambe droite qui pendait, et considérant le réchaud d'un air de rêverie sauvage.

Enfin il dit au prisonnier avec une inflexion[1] lente et singulièrement féroce :

« Une fausse adresse ? qu'est-ce que tu as donc espéré ?

– Gagner du temps ! » cria le prisonnier d'une voix éclatante.

Et au même instant il secoua ses liens ; ils étaient coupés. Le prisonnier n'était plus attaché au lit que par une jambe.

Avant que les sept hommes eussent eu le temps de se reconnaître et de s'élancer, lui s'était penché sous la cheminée, avait étendu la main vers le réchaud, puis s'était redressé,

1. **Inflexion :** intonation.

et maintenant Thénardier, la Thénardier et les bandits, refoulés par le saisissement au fond du bouge, le regardaient avec stupeur élevant au-dessus de sa tête le ciseau rouge d'où tombait une lueur sinistre, presque libre et dans une attitude formidable.

Les bandits étaient revenus de leur première surprise.

« Sois tranquille, dit Bigrenaille à Thénardier. Il tient encore par une jambe, et il ne s'en ira pas. J'en réponds. C'est moi qui lui ai ficelé cette patte-là.

Cependant le prisonnier éleva la voix :

« Vous êtes des malheureux, mais ma vie ne vaut pas la peine d'être tant défendue. Quant à vous imaginer que vous me feriez parler, que vous me feriez écrire ce que je ne veux pas écrire, que vous me feriez dire ce que je ne veux pas dire... Misérables, n'ayez pas plus peur de moi que je n'ai peur de vous. »

Il lança le ciseau par la fenêtre qui était restée ouverte, l'horrible outil embrasé disparut dans la nuit en tournoyant et alla tomber au loin et s'éteindre dans la neige.

Le prisonnier reprit :

« Faites de moi ce que vous voudrez. »

Il était désarmé.

« Empoignez-le ! » dit Thénardier.

Deux des brigands lui posèrent la main sur l'épaule, et l'homme masqué à voix de ventriloque se tint en face de lui, prêt à lui faire sauter le crâne d'un coup de clef[1] au moindre mouvement.

1. **Clef :** ici, outil.

En même temps Marius entendit au-dessous de lui, au bas de la cloison, mais tellement près qu'il ne pouvait voir ceux qui parlaient, ce colloque échangé à voix basse ;

« Il n'y a plus qu'une chose à faire.

– L'escarper[1] !

– C'est cela. »

C'étaient le mari et la femme qui tenaient conseil.

Thénardier marcha à pas lents vers la table, ouvrit le tiroir et y prit le couteau.

Marius tourmentait le pommeau du pistolet. Perplexité inouïe. Depuis une heure il y avait deux voix dans sa conscience, l'une lui disait de respecter le testament de son père, l'autre lui criait de secourir le prisonnier.

Marius égaré promenait ses yeux autour de lui, dernière ressource machinale du désespoir.

Tout à coup il tressaillit.

À ses pieds, sur sa table, un vif rayon de pleine lune éclairait et semblait lui montrer une feuille de papier. Sur cette feuille il lut cette ligne écrite en grosses lettres le matin même par l'aînée des filles Thénardier :

« LES COGNES[2] SONT LÀ. »

Une idée, une clarté traversa l'esprit de Marius ; c'était le moyen qu'il cherchait, la solution de cet affreux problème qui le torturait, épargner l'assassin et sauver la victime. Il s'agenouilla sur la commode, étendit le bras, saisit la feuille de papier, détacha doucement un morceau de plâtre de la cloison, l'enveloppa dans

1. **Escarper :** assassiner (argot).
2. **Cognes :** policiers (argot).

le papier, et jeta le tout par la crevasse au milieu du bouge.

Il était temps. Thénardier avait vaincu ses dernières craintes ou ses derniers scrupules et se dirigeait vers le prisonnier.

« Quelque chose qui tombe ! cria la Thénardier.

– Qu'est-ce ? » dit le mari.

La femme s'était élancée et avait ramassé le plâtras enveloppé du papier.

Elle le remit à son mari.

Thénardier déplia rapidement le papier et l'approcha de la chandelle.

« C'est de l'écriture d'Éponine. Diable ! »

Il fit signe à sa femme, qui s'approcha vivement et il lui montra la ligne écrite sur la feuille de papier, puis il ajouta d'une voix sourde :

« Vite ! l'échelle ! laissons le lard dans la souricière[1] et fichons le camp. »

Le prisonnier ne faisait pas attention à ce qui se passait autour de lui. Il semblait rêver ou prier.

Sitôt l'échelle fixée, Thénardier cria :

« Viens ! la bourgeoise ! »

Et il se précipita vers la croisée.

Mais comme il allait enjamber, Bigrenaille le saisit rudement au collet.

« Non pas, dis donc, vieux farceur ! après nous !

– Après nous ! hurlèrent les bandits.

1. **Laissons le lard dans la souricière :** laissons-le dans ce piège.

– Vous êtes des enfants, dit Thénardier, nous perdons le temps. Les railles[1] sont sur nos talons.

– Eh bien, dit un des bandits, tirons au sort à qui passera le premier. »

Thénardier s'exclama :

« Êtes-vous fous ! êtes-vous toqués ! en voilà-t-il un tas de jobards[2] ! perdre le temps, n'est-ce pas ? tirer au sort, n'est-ce pas ? au doigt mouillé ! à la courte paille ! écrire nos noms ! les mettre dans un bonnet !...

– Voulez-vous mon chapeau ? » cria une voix du seuil de la porte.

Tous se retournèrent. C'était Javert

Il tenait son chapeau à la main, et le tendait en souriant.

Face à l'autorité de Javert et de ses hommes, les Thénardier et les bandits se rendent. Alors que l'inspecteur est en train de rédiger les premières lignes du procès-verbal, M. Leblanc, c'est-à-dire Jean Valjean, s'échappe par la fenêtre.
Le lendemain, le petit Gavroche vient toquer à la masure Gorbeau pour voir ses parents. Le lecteur comprend qu'il est le fils des Thénardier ! Son père, sa mère et ses sœurs sont désormais emprisonnés. Peu inquiet, le gamin repart dans la rue en chantant.

1. **Railles :** policiers (argot).
2. **Jobards :** naïfs (familier).

Carl Heinrich Hoff, *Couple dans un parc*, avant 1865,
huile sur toile, Museum Kunstpalast, Düsseldorf (Allemagne).

Partie 4 lue en intégralité

Partie 4

L'idylle rue Plumet et l'épopée rue Saint-Denis

Après la nuit du guet-apens, Marius quitte la masure Gorbeau et part s'installer chez son ami Courfeyrac. Il a perdu toute trace de Jean Valjean et de sa fille, dont il est toujours éperdument amoureux. Éponine, qu'il a envoyée à la recherche de la jeune fille, a été elle aussi arrêtée par la police. En hommage à son amour perdu, Marius se rend tous les jours au jardin du Luxembourg.

Chapitre 1

Éponine refait surface

Marius habitait le champ de l'Alouette[1] plus que le logis de Courfeyrac.

Ce matin-là, il avait quitté ce septième arbre, et s'était assis sur le parapet de la rivière des Gobelins. Un gai soleil pénétrait les feuilles fraîches épanouies et toutes lumineuses.

Il songeait à « Elle ».

Tout à coup, au milieu de son extase accablée, il entendit une voix connue qui disait :

« Tiens ! le voilà ! »

Il leva les yeux, et reconnut cette malheureuse enfant qui était venue un matin chez lui, l'aînée des filles Thénardier, Éponine ; il savait maintenant comment elle se nommait. Chose étrange, elle était appauvrie et embellie ; deux pas qu'il ne semblait point qu'elle pût faire. Elle avait accompli un double progrès, vers la lumière et vers la détresse. Elle était pieds nus et en haillons comme le jour

1. **Champ de l'Alouette :** jardin du Luxembourg, où Marius avait l'habitude de croiser Cosette.

Éponine (Samantha Barks) dans *Les Misérables*,
film de Tom Hooper, 2012.

où elle était entrée si résolument dans sa chambre, seulement ses haillons avaient deux mois de plus ; les trous étaient plus larges, les guenilles plus sordides. C'était cette même voix enrouée, ce même front terni et ridé par le hâle, ce même regard libre, égaré et vacillant[1]. Elle avait de plus qu'autrefois dans la physionomie ce je ne sais quoi d'effrayé et de lamentable que la prison traversée ajoute à la misère.

Cependant elle était arrêtée devant Marius avec un peu de joie sur son visage livide et quelque chose qui ressemblait à un sourire.

Elle fut quelques moments comme si elle ne pouvait parler.

« Je vous rencontre donc ! dit-elle enfin. Comme je vous ai cherché ! si vous saviez ! Savez-vous cela ? j'ai été au bloc[2]. Quinze jours ! Ils m'ont lâchée ! vu qu'il n'y avait rien sur moi, et que d'ailleurs je n'avais pas l'âge du discernement[3]. Il s'en fallait de deux mois. Oh ! comme je vous ai cherché ! Voilà six semaines. Vous ne demeurez donc plus là-bas ?

– Non, dit Marius.

– Oh ! je comprends. À cause de la chose. C'est désagréable ces esbroufes[4]-là. Vous avez déménagé. Dites donc, où est-ce que vous demeurez à présent ? »

Marius ne répondit pas.

1. **Vacillant :** tremblant.
2. **Au bloc :** en prison.
3. Éponine n'est pas considérée comme responsable de ses actes devant la loi, car elle n'a pas la majorité pénale (seize ans).
4. **Esbroufes :** situations embarrassantes (Éponine fait référence au guet-apens dont Marius a été témoin).

« Ah ! continua-t-elle, vous avez un trou à votre chemise. Il faudra que je vous recouse cela. »

Elle reprit avec une expression qui s'assombrissait peu à peu :

« Vous n'avez pas l'air content de me voir ? »

Marius se taisait ; elle garda elle-même un instant le silence, puis s'écria :

« Si je voulais pourtant, je vous forcerais bien à avoir l'air content !

– Quoi ? demanda Marius. Que voulez-vous dire ?

– Ah ! vous me disiez tu ! reprit-elle.

– Eh bien, que veux-tu dire ? »

Elle se mordit la lèvre ; elle semblait hésiter comme en proie à une sorte de combat intérieur. Enfin elle parut prendre son parti.

« Tant pis, c'est égal. Vous avez l'air triste, je veux que vous soyez content. Promettez-moi seulement que vous allez rire. Je veux vous voir rire et vous voir dire : Ah bien ! c'est bon. Pauvre M. Marius ! vous savez ! vous m'avez promis que vous me donneriez tout ce que je voudrais...

– Oui ! mais parle donc ! »

Elle regarda Marius dans le blanc des yeux et lui dit :

« J'ai l'adresse. »

Marius pâlit. Tout son sang reflua à son cœur.

« Quelle adresse ?

– L'adresse que vous m'avez demandée ! »

Elle ajouta comme si elle faisait effort :

« L'adresse... vous savez bien ?

– Oui ! bégaya Marius.

– De la demoiselle ! »

Ce mot prononcé, elle soupira profondément.

Marius sauta du parapet où il était assis et lui prit éperdument la main.

« Oh ! eh bien ! conduis-moi ! dis-moi ! demande-moi tout ce que tu voudras ! Où est-ce ?

– Venez avec moi, répondit-elle. Je ne sais pas bien la rue et le numéro ; c'est tout de l'autre côté d'ici, mais je connais bien la maison, je vais vous conduire. »

Elle retira sa main et reprit, d'un ton qui eût navré un observateur, mais qui n'effleura même pas Marius ivre et transporté :

« Oh ! comme vous êtes content ! »

Un nuage passa sur le front de Marius. Il saisit Éponine par le bras.

« Jure-moi une chose !

– Jurer ? dit-elle, qu'est-ce que cela veut dire ? Tiens ! vous voulez que je jure ? »

Et elle rit.

« Ton père ! promets-moi, Éponine, jure-moi que tu ne diras pas cette adresse à ton père ! »

Elle se tourna vers lui d'un air stupéfait.

« Éponine ! comment savez-vous que je m'appelle Éponine ?

– Promets-moi ce que je te dis ! »

Mais elle semblait ne pas l'entendre.

« C'est gentil, ça ! vous m'avez appelée Éponine ! »

Marius lui prit les deux bras à la fois.

« Mais réponds-moi donc, au nom du ciel ! fais attention à ce que je te dis, jure-moi que tu ne diras pas l'adresse que tu sais à ton père !

– Mon père ? dit-elle. Ah oui, mon père ! Soyez donc tranquille. Il est au secret[1]. D'ailleurs est-ce que je m'occupe de mon père !

– Mais tu ne me promets pas ! s'écria Marius.

– Mais lâchez-moi donc ! dit-elle en éclatant de rire, comme vous me secouez ! Si ! si ! je vous promets ça ! je vous jure ça ! qu'est-ce que cela me fait ? je ne dirai pas l'adresse à mon père. Là ! ça va-t-il ? c'est-il ça ?

– Ni à personne ? fit Marius.

– Ni à personne.

– À présent, reprit Marius, conduis-moi.

– Tout de suite ?

– Tout de suite.

– Venez. – Oh ! comme il est content ! » dit-elle.

Après quelques pas, elle s'arrêta.

« Vous me suivez de trop près, monsieur Marius. Laissez-moi aller devant, et suivez-moi comme cela, sans faire semblant. Il ne faut pas qu'on voie un jeune homme bien, comme vous, avec une femme comme moi. »

Aucune langue ne saurait dire tout ce qu'il y avait dans ce mot, femme, ainsi prononcé par cette enfant.

Elle fit une dizaine de pas, et s'arrêta encore ; Marius la rejoignit. Elle lui adressa la parole de côté et sans se tourner vers lui :

« À propos, vous savez que vous m'avez promis quelque chose ? »

1. **Au secret :** en prison, à l'isolement.

Marius fouilla dans sa poche. Il ne possédait au monde que les cinq francs destinés au père Thénardier. Il les prit, et les mit dans la main d'Éponine.

Elle ouvrit les doigts et laissa tomber la pièce à terre, et le regardant d'un air sombre :

« Je ne veux pas de votre argent », dit-elle.

Chapitre 2

La maison de la rue Plumet

Pourquoi Jean Valjean avait-il quitté le couvent du Petit-Picpus ? Que s'était-il passé ?

Il ne s'était rien passé.

On s'en souvient. Jean Valjean était heureux dans le couvent, si heureux que sa conscience finit par s'inquiéter. Il voyait Cosette tous les jours, il sentait la paternité naître et se développer en lui de plus en plus, il couvait de l'âme cette enfant, il se disait qu'elle était à lui, que rien ne pouvait la lui enlever, que cela serait ainsi indéfiniment, que certainement elle se ferait religieuse, y étant chaque jour doucement provoquée, qu'ainsi le couvent était désormais l'univers pour elle comme pour lui, qu'il y vieillirait et qu'elle y grandirait, qu'elle y vieillirait et qu'il y mourrait, qu'enfin, ravissante espérance, aucune séparation n'était possible. En réfléchissant à ceci, il en vint à tomber dans des perplexités. Il s'interrogea. Il se demandait si tout ce bonheur-là était bien à lui, s'il ne se composait pas du bonheur d'un autre, du bonheur de cette enfant qu'il confisquait et qu'il dérobait, lui vieillard ; si ce n'était point là un vol ? Il se disait que cette enfant avait le droit de connaître la vie avant d'y renoncer, que lui retrancher, d'avance et en quelque sorte sans la consulter, toutes les joies sous prétexte de lui sauver toutes les épreuves, profiter de son ignorance et de son isolement pour lui faire germer une vocation artificielle, c'était dénaturer une créature humaine et mentir à Dieu. Et qui sait si, se rendant compte un jour de tout cela et religieuse à regret, Cosette n'en viendrait pas à le haïr ? Il résolut de quitter le couvent.

Cinq ans de séjour entre ces quatre murs et de disparition avaient nécessairement détruit ou dispersé les éléments de crainte. Il pouvait rentrer parmi les hommes tranquillement. Il avait vieilli, et tout avait changé. Qui le reconnaîtrait maintenant ? Et puis, à voir le pire, il n'y avait de danger que pour lui-même, et il n'avait pas le droit de condamner Cosette au cloître par la raison qu'il avait été condamné au bagne. D'ailleurs, qu'est-ce que le danger devant le devoir ? Enfin, rien ne l'empêchait d'être prudent et de prendre ses précautions.

Quant à l'éducation de Cosette, elle était à peu près terminée et complète.

Une fois sa détermination arrêtée, il attendit l'occasion. Elle ne tarda pas à se présenter. Le vieux Fauchelevent mourut.

Jean Valjean demanda audience à la révérende prieure[1] et lui dit qu'ayant fait à la mort de son frère un petit héritage qui lui permettait de vivre désormais sans travailler, il quittait le service du couvent, et emmenait sa fille.

1. **Révérende prieure :** religieuse qui dirige le couvent.

C'est ainsi que Jean Valjean sortit du couvent de l'Adoration Perpétuelle.

Il découvrit la maison de la rue Plumet[1] et s'y blottit. Il était désormais en possession du nom d'Ultime Fauchelevent.

En même temps il loua deux autres appartements dans Paris, afin de moins attirer l'attention que s'il fût toujours resté dans le même quartier, de pouvoir faire au besoin des absences à la moindre inquiétude qui le prendrait, et enfin de ne plus se trouver au dépourvu comme la nuit où il avait si miraculeusement échappé à Javert.

Cosette grandit. Un jour, face au miroir, elle est frappée par sa beauté, alors même qu'elle s'était toujours trouvée laide. Toussaint, la domestique de Jean Valjean et Cosette, remarque elle aussi les changements qui s'opèrent chez la jeune fille : elle devient coquette et apporte grand soin à sa toilette. C'est à ce moment que Cosette, après six mois d'absence, réapparaît au jardin du Luxembourg : Marius est subjugué.

1. Voir carte p. 291.

Chapitre 3

Naissance des sentiments

Cosette était dans son ombre, comme Marius dans la sienne, toute disposée pour l'embrasement. La destinée, avec sa patience mystérieuse et fatale, approchait lentement l'un de l'autre ces deux êtres tout chargés et tout languissants[1] des orageuses électricités de la passion, ces deux âmes qui portaient l'amour comme deux nuages portent la foudre, et qui devaient s'aborder et se mêler dans un regard comme les nuages dans un éclair.

On a tant abusé du regard dans les romans d'amour qu'on a fini par le déconsidérer. C'est à peine si l'on ose dire maintenant que deux êtres se sont aimés parce qu'ils se sont regardés. C'est pourtant comme cela qu'on s'aime et uniquement comme cela. Le reste n'est que le reste, et vient après. Rien n'est plus réel que ces grandes secousses que deux âmes se donnent en échangeant cette étincelle.

À cette certaine heure où Cosette eut sans le savoir ce regard qui troubla Marius, Marius ne se douta pas que lui aussi eut un regard qui troubla Cosette.

Il lui fit le même mal et le même bien.

Depuis longtemps déjà elle le voyait et elle l'examinait comme les filles examinent et voient, en regardant ailleurs. Marius trouvait encore Cosette laide que déjà Cosette trouvait Marius beau. Mais comme il ne prenait point garde à elle, ce jeune homme lui était bien égal.

1. **Languissants :** ici, pleins d'amour.

Cependant elle ne pouvait s'empêcher de se dire qu'il avait de beaux cheveux, de beaux yeux, de belles dents, un charmant son de voix quand elle l'entendait causer avec ses camarades, qu'il marchait en se tenant mal, si l'on veut, mais avec une grâce à lui, qu'il ne paraissait pas bête du tout, que toute sa personne était noble, douce, simple et fière, et qu'enfin il avait l'air pauvre, mais qu'il avait bon air.

Le jour où leurs yeux se rencontrèrent et se dirent enfin brusquement ces premières choses obscures et ineffables que le regard balbutie, Cosette ne comprit pas d'abord. Le lendemain, en s'éveillant, elle songea à ce jeune homme inconnu, si longtemps indifférent et glacé, qui semblait maintenant faire attention à elle, et il ne lui sembla pas le moins du monde que cette attention lui fût agréable. Elle avait plutôt un peu de colère contre ce beau dédaigneux[1]. Un fond de guerre remua en elle. Il lui sembla, et elle en éprouvait une joie encore tout enfantine, qu'elle allait enfin se venger.

Se sachant belle, elle sentait bien, quoique d'une façon indistincte, qu'elle avait une arme.

On se rappelle les hésitations de Marius, ses palpitations, ses terreurs. Il restait sur son banc et n'approchait pas. Ce qui dépitait Cosette. Un jour elle dit à Jean Valjean : « Père, promenons-nous donc un peu de ce côté-là. » Voyant que Marius ne venait point à elle, elle alla à lui. Et puis, chose bizarre, le premier symptôme de l'amour vrai chez un jeune homme, c'est la timidité, chez une jeune fille, c'est la hardiesse.

1. **Dédaigneux** : méprisant.

Ce jour-là, le regard de Cosette rendit Marius fou, le regard de Marius rendit Cosette tremblante. Marius s'en alla confiant, et Cosette inquiète. À partir de ce jour, ils s'adorèrent.

Marius et Cosette étaient dans la nuit l'un pour l'autre. Ils ne se parlaient pas, ils ne se saluaient pas, ils ne se connaissaient pas ; ils se voyaient ; et comme les astres dans le ciel que des millions de lieues séparent, ils vivaient de se regarder.

C'est ainsi que Cosette devenait peu à peu une femme et se développait, belle et amoureuse, avec la conscience de sa beauté et l'ignorance de son amour. Coquette pardessus le marché, par innocence.

Jean Valjean, jaloux de l'attention que Marius porte à Cosette, décide de l'éloigner du jeune homme en mettant fin aux promenades au jardin du Luxembourg.
Plusieurs mois se sont écoulés depuis le guet-apens tendu par les Thénardier. Cosette, d'abord triste de ne plus voir Marius, commence progressivement à l'oublier, pour le plus grand bonheur de Jean Valjean. Un soir, alors que ce dernier est absent de la demeure, elle entend des bruits étranges dans le jardin. Apeurée, la jeune fille prend son courage à deux mains et sort de la maison, mais elle ne trouve personne.

Chapitre 4

Une ombre effrayante

Le lendemain, moins tard, à la tombée de la nuit, Cosette se promenait dans le jardin. Au milieu des pensées confuses qui l'occupaient, elle croyait bien percevoir par instants un bruit pareil au bruit de la veille, comme de quelqu'un qui marcherait dans l'obscurité sous les arbres pas très loin d'elle, mais elle se disait que rien ne ressemble à un pas qui marche dans l'herbe comme le froissement de deux branches qui se déplacent d'elles-mêmes, et elle n'y prenait pas garde. Elle ne voyait rien d'ailleurs.

Elle sortit de « la broussaille » ; il lui restait à traverser une petite pelouse verte pour regagner le perron. La lune, qui venait de se lever derrière elle, projeta, comme Cosette sortait du massif, son ombre devant elle sur cette pelouse.

Cosette s'arrêta terrifiée.

À côté de son ombre, la lune découpait distinctement sur le gazon une autre ombre singulièrement effrayante et terrible, une ombre qui avait un chapeau rond.

C'était comme l'ombre d'un homme qui eût été debout sur la lisière du massif à quelques pas en arrière de Cosette.

Elle fut une minute sans pouvoir parler, ni crier, ni appeler, ni bouger, ni tourner la tête.

Enfin elle rassembla tout son courage et se retourna résolument.

Il n'y avait personne.

Elle regarda à terre. L'ombre avait disparu.

Promenade au jardin, 1867,
huile sur toile, Kunsthalle, Brême (Allemagne).

Elle rentra dans la broussaille, fureta hardiment dans les coins, alla jusqu'à la grille, et ne trouva rien.

Elle se sentit vraiment glacée. Était-ce encore une hallucination ? Quoi ! deux jours de suite ? Une hallucination, passe, mais deux hallucinations ? Ce qui était inquiétant, c'est que l'ombre n'était assurément pas un fantôme. Les fantômes ne portent guère de chapeaux ronds.

Le lendemain Jean Valjean revint. Cosette lui conta ce qu'elle avait cru entendre et voir. Elle s'attendait à être rassurée et que son père hausserait les épaules et lui dirait : Tu es une petite fille folle.

Jean Valjean devint soucieux.

Alors que Jean Valjean est de nouveau absent, Cosette découvre sous une pierre de son jardin une mystérieuse lettre anonyme. La jeune fille lit alors une déclaration d'amour enflammée ; cela ne fait aucun doute qu'elle a été écrite par Marius !

Chapitre 5

Premier baiser

À la brune, Cosette descendit au jardin.

Elle se mit à marcher sous les branches, les écartant de temps en temps avec la main, parce qu'il y en avait de très basses.

Elle arriva au banc.

La pierre y était restée.

Elle s'assit, et posa sa douce main blanche sur cette pierre comme si elle voulait la caresser et la remercier.

Tout à coup, elle eut cette impression indéfinissable qu'on éprouve, même sans voir, lorsqu'on a quelqu'un debout derrière soi.

Elle tourna la tête et se dressa.

C'était lui.

Il était tête nue. Il paraissait pâle et amaigri. On distinguait à peine son vêtement noir. Le crépuscule blêmissait son beau front et couvrait ses yeux de ténèbres. Il avait, sous un voile d'incomparable douceur, quelque chose de la mort et de la nuit.

Son chapeau était jeté à quelques pas dans les broussailles.

Cosette, prête à défaillir[1], ne poussa pas un cri. Elle reculait lentement, car elle se sentait attirée. Lui ne bougeait point. À je ne sais quoi d'ineffable et de triste qui l'enveloppait, elle sentait le regard de ses yeux qu'elle ne voyait pas.

Cosette, en reculant, rencontra un arbre et s'y adossa. Sans cet arbre, elle fût tombée.

Alors elle entendit sa voix, cette voix qu'elle n'avait vraiment jamais entendue, qui s'élevait à peine au-dessus du frémissement des feuilles, et qui murmurait :

« Pardonnez-moi, je suis là. J'ai le cœur gonflé, je ne pouvais pas vivre comme j'étais, je suis venu. Avez-vous lu ce que j'avais mis là, sur ce banc ? Me reconnaissez-vous un peu ? N'ayez pas peur de moi. Voilà du temps déjà, vous rappelez-vous le jour où vous m'avez regardé ? c'était dans le Luxembourg, près du Gladiateur. Et le jour où vous avez passé devant moi ? C'étaient le 16 juin et le 2 juillet. Il va y avoir un an. Depuis bien longtemps, je ne vous ai plus vue. J'ai demandé à la loueuse de chaises, elle m'a dit qu'elle ne vous voyait plus. Vous demeuriez rue de l'Ouest au troisième sur le devant dans une maison neuve, vous voyez que je sais ? Je vous suivais, moi. Qu'est-ce que j'avais à faire ? Et puis vous avez disparu. J'ai cru vous voir passer une fois que je lisais les journaux sous les arcades de l'Odéon. J'ai couru. Mais non. C'était une personne qui avait un chapeau comme vous. La nuit, je viens ici. Ne craignez pas, personne ne me voit. Je viens regarder vos fenêtres de près. Je marche bien doucement pour que vous n'entendiez pas, car vous auriez peut-être peur. L'autre

1. **Défaillir :** s'évanouir.

soir j'étais derrière vous, vous vous êtes retournée, je me suis enfui. Une fois je vous ai entendue chanter. J'étais heureux. Est-ce que cela vous fait quelque chose que je vous entende chanter à travers le volet ? cela ne peut rien vous faire. Non, n'est-ce pas ? Voyez-vous, vous êtes mon ange, laissez-moi venir un peu. Je crois que je vais mourir. Si vous saviez ! je vous adore, moi ! Pardonnez-moi, je vous parle, je ne sais pas ce que je vous dis, je vous fâche peut-être ; est-ce que je vous fâche ?

– Ô ma mère ! » dit-elle.

Et elle s'affaissa sur elle-même comme si elle se mourait.

Il la prit, elle tombait, il la prit dans ses bras, il la serra étroitement sans avoir conscience de ce qu'il faisait. Il la soutenait tout en chancelant. Il était comme s'il avait la tête pleine de fumée ; des éclairs lui passaient entre les cils ; ses idées s'évanouissaient ; il lui semblait qu'il accomplissait un acte religieux et qu'il commettait une profanation. Du reste il n'avait pas le moindre désir de cette femme ravissante dont il sentait la forme contre sa poitrine. Il était éperdu d'amour.

Elle lui prit une main et la posa sur son cœur. Il sentit le papier qui y était. Il balbutia :

« Vous m'aimez donc ? »

Elle répondit d'une voix si basse que ce n'était plus qu'un souffle qu'on entendait à peine :

« Tais-toi ! tu le sais ! »

Et elle cacha sa tête rouge dans le sein du jeune homme superbe et enivré.

Il tomba sur le banc, elle près de lui. Ils n'avaient plus de paroles. Les étoiles commençaient à rayonner. Comment se

Carolus-Duran, *Le Baiser*, 1868,
huile sur toile, Palais des Beaux-Arts, Lille.

fit-il que leurs lèvres se rencontrèrent ? Comment se fait-il que l'oiseau chante, que la neige fonde, que la rose s'ouvre, que mai s'épanouisse, que l'aube blanchisse derrière les arbres noirs au sommet frissonnant des collines ?

Un baiser, et ce fut tout.

Tous deux tressaillirent, et ils se regardèrent dans l'ombre avec des yeux éclatants.

Peu à peu ils se parlèrent. L'épanchement[1] succéda au silence qui est la plénitude. La nuit était sereine et splendide au-dessus de leur tête. Ces deux cœurs se versèrent l'un dans l'autre, de sorte qu'au bout d'une heure, c'était le jeune homme qui avait l'âme de la jeune fille et la jeune fille qui avait l'âme du jeune homme. Ils se pénétrèrent, ils s'enchantèrent, ils s'éblouirent.

Quand ils eurent fini, quand ils se furent tout dit, elle posa sa tête sur son épaule et lui demanda :

« Comment vous appelez-vous ?

– Je m'appelle Marius, dit-il. Et vous ?

– Je m'appelle Cosette. »

1. **Épanchement :** expression libre des sentiments.

Chapitre 6

L'idylle[1]

Comme il n'y avait jamais personne dans la rue et que d'ailleurs Marius ne pénétrait dans le jardin que la nuit, il ne risquait pas d'être vu.

À partir de cette heure bénie et sainte où un baiser fiança ces deux âmes, Marius vint là tous les soirs.

Tant que dura le mois de mai de cette année 1832, il y eut là, toutes les nuits, dans ce pauvre jardin sauvage, sous cette broussaille chaque jour plus odorante et plus épaissie, deux êtres composés de toutes les chastetés et de toutes les innocences, débordant de toutes les félicités[2] du ciel, plus voisins des archanges[3] que des hommes, purs, honnêtes, enivrés, rayonnants, qui resplendissaient l'un pour l'autre dans les ténèbres. Ils se touchaient, ils se regardaient, ils se prenaient les mains, ils se serraient l'un contre l'autre ; mais il y avait une distance qu'ils ne franchissaient pas. Non qu'ils la respectassent ; ils l'ignoraient. Marius sentait une barrière, la pureté de Cosette, et Cosette sentait un appui, la loyauté[4] de Marius. Le premier baiser avait été aussi le dernier. Marius, depuis, n'était pas allé au-delà d'effleurer de ses lèvres la main, ou le fichu, ou une boucle de cheveux de Cosette. Cosette était pour lui un parfum et non une femme. Il la respirait. Elle ne refusait rien, et il ne demandait rien. Cosette était heureuse,

1. **Idylle :** relation amoureuse idéale.
2. **Félicités :** joies profondes.
3. **Archanges :** sorte d'anges supérieurs.
4. **Loyauté :** fidélité envers des engagements pris.

et Marius était satisfait. Ils vivaient dans ce ravissant état qu'on pourrait appeler l'éblouissement d'une âme par une âme.

La nuit, quand ils étaient là, ce jardin semblait un lieu vivant et sacré. Toutes les fleurs s'ouvraient autour d'eux et leur envoyaient de l'encens ; eux, ils ouvraient leurs âmes et les répandaient dans les fleurs. La végétation lascive[1] et vigoureuse tressaillait pleine de sève et d'ivresse autour de ces deux innocents, et ils disaient des paroles d'amour dont les arbres frissonnaient.

Cosette disait à Marius :

« Sais-tu ?... »

(Dans tout cela, et à travers cette céleste virginité, et sans qu'il fût possible à l'un et à l'autre de dire comment, le tutoiement était venu.)

« Sais-tu ? Je m'appelle Euphrasie.

– Euphrasie ? Mais non, tu t'appelles Cosette.

– Oh ! Cosette est un assez vilain nom qu'on m'a donné comme cela quand j'étais petite. Mais mon vrai nom est Euphrasie. Est-ce que tu n'aimes pas ce nom-là, Euphrasie ?

– Si... – Mais Cosette n'est pas vilain.

– Est-ce que tu l'aimes mieux qu'Euphrasie ?

– Mais... – oui.

– Alors je l'aime mieux aussi. C'est vrai, c'est joli, Cosette. Appelle-moi Cosette. »

Et le sourire qu'elle ajoutait faisait de ce dialogue une idylle digne d'un bois qui serait dans le ciel.

Ils s'idolâtraient.

1. **Lascive :** sensuelle, propice aux plaisirs de l'amour.

L'idylle entre les deux jeunes gens se poursuit chaque soir, à l'abri des regards. Aveuglé par l'amour, Marius ne fait même pas allusion à l'étrange scène du guet-apens qui avait suscité chez lui de si grandes interrogations. Jean Valjean, quant à lui, ne se doute de rien.
Le 3 juin 1832, la bande de malfrats menée par Thénardier et Montparnasse, chef de la bande Patron-Minette, s'évade de prison et arrive devant la maison de la rue Plumet pour y accomplir un nouveau crime. Éponine, qui cherche à protéger Marius, tient tête à son père et le dissuade d'attaquer la demeure. Pendant ce temps, dans le jardin, Cosette annonce à Marius qu'elle doit se préparer à suivre son père pour un voyage en Angleterre. Le jeune homme ne peut se résoudre à être séparé de celle qu'il aime ! Il lui laisse alors son adresse gravée sur le mur, puis part demander à son grand-père la permission d'épouser Cosette. Face au refus de M. Gillenormand, Marius quitte la maison de son aïeul et rompt tout lien avec lui.

Chapitre 7

La mise en garde

Ce même jour, vers quatre heures de l'après-midi, Jean Valjean était assis seul sur le revers de l'un des talus[1] les plus solitaires du Champ de Mars. Soit prudence, soit désir de se recueillir, soit tout simplement par suite d'un de ces insensibles changements d'habitudes qui s'introduisent peu à peu dans toutes les existences, il sortait maintenant assez rarement avec

1. **Talus :** pente formée par une masse de terre.

Cosette. Il avait sa veste d'ouvrier et un pantalon de toile grise, et sa casquette à longue visière lui cachait le visage. Il était à présent calme et heureux du côté de Cosette ; ce qui l'avait quelque peu effrayé et troublé s'était dissipé ; mais, depuis une semaine ou deux, des anxiétés d'une autre nature lui étaient venues. Un jour, en se promenant sur le boulevard, il avait aperçu Thénardier ; grâce à son déguisement, Thénardier ne l'avait point reconnu ; mais depuis lors Jean Valjean l'avait revu plusieurs fois, et il avait maintenant la certitude que Thénardier rôdait dans le quartier. Ceci avait suffi pour lui faire prendre un grand parti[1]. Thénardier là, c'étaient tous les périls à la fois.

À tous ces points de vue, il était soucieux.

Enfin, un fait inexplicable qui venait de le frapper, et dont il était encore tout chaud, avait ajouté à son éveil. Le matin de ce même jour, seul levé dans la maison, et se promenant dans le jardin avant que les volets de Cosette fussent ouverts, il avait aperçu tout à coup cette ligne gravée sur la muraille, probablement avec un clou :

16, rue de la Verrerie.

Cela était tout récent, les entailles étaient blanches dans le vieux mortier noir, une touffe d'ortie au pied du mur était poudrée de fin plâtre frais. Cela probablement avait été écrit là dans la nuit. Qu'était-ce ? une adresse ? un signal pour d'autres ? un avertissement pour lui ? Dans tous les cas, il était évident que le jardin était violé, et que des inconnus y pénétraient. Il se rappela les incidents bizarres qui avaient déjà alarmé la maison. Son esprit

1. **Parti :** décision.

travailla sur ce canevas. Il se garda bien de parler à Cosette de la ligne écrite au clou sur le mur, de peur de l'effrayer.

Tout cela considéré et pesé, Jean Valjean s'était décidé à quitter Paris, et même la France, et à passer en Angleterre. Il avait prévenu Cosette. Avant huit jours il voulait être parti. Il s'était assis sur le talus du Champ de Mars, roulant dans son esprit toutes sortes de pensées, Thénardier, la police, cette ligne étrange écrite sur le mur, ce voyage, et la difficulté de se procurer un passeport.

Au milieu de ces préoccupations, il s'aperçut, à une ombre que le soleil projetait, que quelqu'un venait de s'arrêter sur la crête[1] du talus immédiatement derrière lui. Il allait se retourner, lorsqu'un papier plié en quatre tomba sur ses genoux, comme si une main l'eût lâché au-dessus de sa tête. Il prit le papier, le déplia, et y lut ce mot écrit en grosses lettres au crayon :

« DÉMÉNAGEZ. »

Jean Valjean se leva vivement, il n'y avait plus personne sur le talus ; il chercha autour de lui et aperçut une espèce d'être plus grand qu'un enfant, plus petit qu'un homme, vêtu d'une blouse grise et d'un pantalon de velours de coton couleur poussière, qui enjambait le parapet et se laissait glisser dans le fossé du Champ de Mars.

Jean Valjean rentra chez lui sur-le-champ, tout pensif.

Le 5 juin 1832, Paris est en ébullition. Les funérailles du général Lamarque sonnent le début de l'insurrection des partisans de la république contre le pouvoir monarchique en place. La bande de l'ABC, menée par Enjolras, voit ses rangs grossir à mesure qu'elle traverse

1. **Crête :** sommet.

la capitale pour se rendre au cabaret de Corinthe, lieu de rassemblement des républicains. M. Mabeuf, le petit Gavroche, ainsi qu'Éponine, déguisée en jeune ouvrier dans le but de retrouver Marius, font désormais partie des insurgés. Quant à Marius, Cosette ayant quitté la maison de la rue Plumet sans lui laisser de mot, il a lui aussi décidé de rejoindre ses amis rue de la Chanvrerie[1]. Les insurgés assurent leur position, construisent des barricades[2], et attendent le moment de l'affrontement avec la garde nationale.

Chapitre 8

Le mouchard arrêté

La nuit était tout à fait tombée, rien ne venait. On n'entendait que des rumeurs confuses, et par instants des fusillades, mais rares, peu nourries et lointaines. Ce répit, qui se prolongeait, était signe que le gouvernement prenait son temps et ramassait ses forces. Ces cinquante hommes en attendaient soixante mille.

Enjolras se sentit pris de cette impatience qui saisit les âmes fortes au seuil des événements redoutables. Il alla trouver Gavroche qui s'était mis à fabriquer des cartouches dans la salle basse à la clarté douteuse de deux chandelles, posées sur le comptoir par précaution à cause de la poudre répandue sur les tables. Ces deux chandelles ne jetaient aucun rayonnement au-dehors. Les insurgés en outre avaient eu soin de ne point allumer de lumière dans les étages supérieurs.

1. Voir carte p. 291. La rue de la Chanvrerie et la rue Saint-Denis, qui la coupe, font partie des principaux lieux d'affrontements.
2. **Barricades :** abris de fortune réalisés avec des objets divers pour se protéger des combats de rue.

Gavroche en ce moment était fort préoccupé, non pas précisément de ses cartouches.

L'homme de la rue des Billettes[1] venait d'entrer dans la salle basse et était allé s'asseoir à la table la moins éclairée.

Lorsqu'il entra, Gavroche le suivit machinalement des yeux, admirant son fusil, puis, brusquement, quand l'homme fut assis, le gamin se leva. Il s'approcha de ce personnage pensif et se mit à tourner autour de lui sur la pointe du pied comme on marche auprès de quelqu'un qu'on craint de réveiller. Tout chez lui était en travail, l'instinct qui flaire[2] et l'intelligence qui combine. Il était évident qu'il arrivait un événement à Gavroche.

C'est au plus fort de cette préoccupation qu'Enjolras l'aborda.

« Tu es petit, dit Enjolras, on ne te verra pas. Sors des barricades, glisse-toi le long des maisons, va un peu partout par les rues, et reviens me dire ce qui se passe. »

Gavroche se haussa sur ses hanches.

« Les petits sont donc bons à quelque chose ! c'est bien heureux ! J'y vas. En attendant fiez-vous aux petits, méfiez-vous des grands... »

Et Gavroche, levant la tête et baissant la voix, ajouta, en désignant l'homme de la rue des Billettes :

« Vous voyez bien ce grand-là ?

– Eh bien ?

– C'est un mouchard[3].

1. Gavroche a aperçu cet homme tandis que la bande se rendait vers la barricade.
2. **Flaire :** ici, devine.
3. **Mouchard :** ici, policier en civil.

– Tu es sûr ?

– Il n'y a pas quinze jours qu'il m'a enlevé par l'oreille de la corniche du pont Royal où je prenais l'air. »

Enjolras quitta vivement le gamin et murmura quelques mots très bas à un ouvrier du port aux vins qui se trouvait là. L'ouvrier sortit de la salle et y rentra presque tout de suite accompagné de trois autres. Ces quatre hommes, quatre portefaix[1] aux larges épaules, allèrent se placer, sans rien faire qui pût attirer son attention, derrière la table où était accoudé l'homme de la rue des Billettes. Ils étaient visiblement prêts à se jeter sur lui.

Alors Enjolras s'approcha de l'homme et lui demanda :

« Qui êtes-vous ? »

À cette question brusque, l'homme eut un soubresaut. Il plongea son regard jusqu'au fond de la prunelle candide d'Enjolras et parut y saisir sa pensée. Il sourit d'un sourire qui était tout ce qu'on peut voir au monde de plus dédaigneux, de plus énergique et de plus résolu, et répondit avec une gravité hautaine :

« Je vois ce que c'est... Eh bien oui !

– Vous êtes mouchard ?

– Je suis agent de l'autorité.

– Vous vous appelez ?

– Javert. »

Enjolras fit signe aux quatre hommes. En un clin d'œil, avant que Javert eût eu le temps de se retourner, il fut colleté, terrassé, garrotté[2], fouillé.

1. **Portefaix :** personnes dont le métier consiste à porter des charges lourdes.
2. **Colleté, terrassé, garrotté :** attrapé par le cou, mis à terre, attaché.

On trouva sur lui une petite carte ronde collée entre deux verres et portant d'un côté les armes de France gravées, avec cette légende : *Surveillance et vigilance*, et de l'autre cette mention : JAVERT, inspecteur de police, âgé de cinquante-deux ans ; et la signature du préfet de police d'alors, M. Gisquet.

Il avait en outre sa montre et sa bourse, qui contenait quelques pièces d'or. On lui laissa la bourse et la montre. Derrière la montre, au fond du gousset, on tâta et l'on saisit un papier sous enveloppe qu'Enjolras déplia et où il lut ces cinq lignes écrites de la main même du préfet de police :

« Sitôt sa mission politique remplie, l'inspecteur Javert s'assurera, par une surveillance spéciale, s'il est vrai que des malfaiteurs aient des allures[1] sur la berge de la rive droite de la Seine, près le pont d'Iéna. »

Le fouillage terminé, on redressa Javert, on lui noua les bras derrière le dos et on l'attacha au milieu de la salle basse à ce poteau célèbre qui avait jadis donné son nom au cabaret.

Gavroche, qui avait assisté à toute la scène et tout approuvé d'un hochement de tête silencieux, s'approcha de Javert et lui dit :

« C'est la souris qui a pris le chat. »

Tout cela s'était exécuté si rapidement que c'était fini quand on s'en aperçut autour du cabaret. Javert n'avait pas jeté un cri. En voyant Javert lié au poteau, Courfeyrac, Bossuet, Joly, Combeferre, et les hommes dispersés dans les deux barricades, accoururent.

1. **Aient des allures :** préparent de mauvais coups.

Javert, adossé au poteau, et si entouré de cordes qu'il ne pouvait faire un mouvement, levait la tête avec la sérénité intrépide[1] de l'homme qui n'a jamais menti.

« C'est un mouchard », dit Enjolras.

Et se tournant vers Javert :

« Vous serez fusillé deux minutes avant que la barricade soit prise. »

Javert répliqua de son accent le plus impérieux :

« Pourquoi pas tout de suite ?

– Nous ménageons la poudre.

– Alors finissez-en d'un coup de couteau.

– Mouchard, dit le bel Enjolras, nous sommes des juges et non des assassins. »

Puis il appela Gavroche.

« Toi ! va à ton affaire ! Fais ce que je t'ai dit.

– J'y vas, cria Gavroche. »

Et s'arrêtant au moment de partir :

« À propos, vous me donnerez son fusil ! Et il ajouta : Je vous laisse le musicien, mais je veux la clarinette. »

Le gamin fit le salut militaire et franchit gaîment la coupure de la grande barricade.

Durant la nuit, les affrontements font rage entre les insurgés et les soldats du gouvernement. Le père Mabeuf est le premier à tomber sous le coup de l'ennemi : il meurt sur la barricade, faisant fièrement flotter dans les airs le drapeau rouge des révolutionnaires. Alors que Gavroche et Courfeyrac sont en mauvaise posture, Marius fait une entrée triomphale.

1. **Intrépide :** que rien n'effraie.

Chapitre 9

L'exploit de Marius

Marius, toujours caché dans le coude de la rue Mondétour, avait assisté à la première phase du combat, irrésolu[1] et frissonnant. Cependant il n'avait pu résister longtemps à ce vertige mystérieux et souverain qu'on pourrait nommer l'appel de l'abîme. Devant l'imminence du péril, devant la mort de M. Mabeuf, cette funèbre énigme, devant Bahorel tué, Courfeyrac criant : à moi ! cet enfant menacé, ses amis à secourir ou à venger, toute hésitation s'était évanouie, et il s'était rué dans la mêlée ses deux pistolets à la main. Du premier coup il avait sauvé Gavroche et du second délivré Courfeyrac.

Aux coups de feu, aux cris des gardes frappés, les assaillants avaient gravi le retranchement, sur le sommet duquel on voyait maintenant se dresser plus d'à mi-corps, et en foule, des gardes municipaux, des soldats de la ligne, des gardes nationaux de la banlieue, le fusil au poing.

Marius n'avait plus d'armes, il avait jeté ses pistolets déchargés, mais il avait aperçu le baril de poudre[2] dans la salle basse près de la porte.

Comme il se tournait à demi, regardant de ce côté, un soldat le coucha en joue[3]. Au moment où le soldat ajustait[4] Marius, une main se posa sur le bout du canon du fusil, et le boucha.

1. **Irrésolu :** ne sachant que faire.
2. **Baril de poudre :** tonneau rempli d'explosifs.
3. **Coucha en joue :** visa avec son fusil.
4. **Ajustait :** visait.

C'était quelqu'un qui s'était élancé, le jeune ouvrier au pantalon de velours. Le coup partit, traversa la main, et peut-être aussi l'ouvrier, car il tomba, mais la balle n'atteignit pas Marius. Tout cela dans la fumée, plutôt entrevu que vu. Marius, qui entrait dans la salle basse, s'en aperçut à peine. Cependant il avait confusément vu ce canon de fusil dirigé sur lui et cette main qui l'avait bouché, et il avait entendu le coup.

Les insurgés, surpris, mais non effrayés, s'étaient ralliés[1]. Enjolras avait crié : « Attendez ! ne tirez pas au hasard ! » Dans la première confusion en effet ils pouvaient se blesser les uns les autres. La plupart étaient montés à la fenêtre du premier étage et aux mansardes d'où ils dominaient les assaillants. Les plus déterminés, avec Enjolras, Courfeyrac, Jean Prouvaire et Combeferre, s'étaient fièrement adossés aux maisons du fond, à découvert et faisant face aux rangées de soldats et de gardes qui couronnaient la barricade.

Tout à coup, on entendit une voix tonnante qui criait :

« Allez-vous-en, ou je fais sauter la barricade ! »

Tous se retournèrent du côté d'où venait la voix.

Marius était entré dans la salle basse, y avait pris le baril de poudre, puis il avait profité de la fumée et de l'espèce de brouillard obscur qui emplissait l'enceinte retranchée pour se glisser le long de la barricade jusqu'à cette cage de pavés où était fixée la torche. En arracher la torche, y mettre le baril de poudre, pousser la pile de pavés sous le baril, qui s'était sur-le-champ défoncé, avec une sorte d'obéissance terrible, tout cela avait été pour Marius le

1. **Ralliés :** réunis, rassemblés.

temps de se baisser et de se relever; et maintenant tous, gardes nationaux, gardes municipaux, officiers, soldats, pelotonnés[1] à l'autre extrémité de la barricade, le regardaient avec stupeur le pied sur les pavés, la torche à la main, son fier visage éclairé par une résolution fatale, penchant la flamme de la torche vers ce monceau redoutable où l'on distinguait le baril de poudre brisé, et poussant ce cri terrifiant:

« Allez-vous-en, ou je fais sauter la barricade! »

Marius sur cette barricade après l'octogénaire[2], c'était la vision de la jeune révolution après l'apparition de la vieille.

« Sauter la barricade! dit un sergent, et toi aussi! »

Marius répondit:

« Et moi aussi. »

Et il approcha la torche du baril de poudre.

Mais il n'y avait déjà plus personne sur le barrage. Les assaillants, laissant leurs morts et leurs blessés, refluaient pêle-mêle et en désordre vers l'extrémité de la rue et s'y perdaient de nouveau dans la nuit. Ce fut un sauve-qui-peut.

La barricade était dégagée.

Malgré le recul des gardes nationaux, la joie des insurgés est de courte durée. Un des leurs, le poète Jean Prouvaire, pris en otage, est exécuté par les soldats. En représailles, Enjolras décide de hâter la mort de Javert.

1. **Pelotonnés:** ici, regroupés.
2. **Octogénaire:** personne âgée de quatre-vingts ans (il s'agit là de M. Mabeuf, cité plus haut).

Chapitre 10

La mort d'Éponine

Toute l'attention des insurgés se portait du côté de la grande barricade qui était évidemment le point toujours menacé et où devait recommencer infailliblement la lutte. Marius pourtant songea à la petite barricade et y alla. Elle était déserte et n'était gardée que par le lampion[1] qui tremblait entre les pavés.

Comme Marius, l'inspection faite, se retirait, il entendit son nom prononcé faiblement dans l'obscurité :

« Monsieur Marius ! »

Il tressaillit.

Il regarda autour de lui et ne vit personne.

Marius crut s'être trompé, et que c'était une hallucination ajoutée par son esprit aux réalités extraordinaires qui se heurtaient autour de lui. Il fit un pas pour sortir de l'enfoncement reculé où était la barricade.

« Monsieur Marius ! répéta la voix. »

Cette fois, il ne pouvait douter, il avait distinctement entendu ; il regarda, et ne vit rien.

« À vos pieds, dit la voix. »

Il se courba et vit dans l'ombre une forme qui se traînait vers lui. Cela rampait sur le pavé. C'était cela qui lui parlait.

Le lampion permettait de distinguer une blouse, un pantalon de gros velours déchiré, des pieds nus, et quelque chose qui

1. **Lampion :** petite lampe à huile.

ressemblait à une mare de sang. Marius entrevit une tête pâle qui se dressait vers lui et qui lui dit :

« Vous ne me reconnaissez pas ?

– Non.

– Éponine. »

Marius se baissa vivement. C'était en effet cette malheureuse enfant. Elle était habillée en homme.

« Comment êtes-vous ici ? que faites-vous là ?

– Je meurs, lui dit-elle. »

Il y a des mots et des incidents qui réveillent les êtres accablés. Marius s'écria comme en sursaut :

« Vous êtes blessée ! Attendez, je vais vous porter dans la salle. On va vous panser[1]. Est-ce grave ? comment faut-il vous prendre pour ne pas vous faire mal ? où souffrez-vous ? Du secours ! mon Dieu ! Mais qu'êtes-vous venue faire ici ? »

Et il essaya de passer son bras sous elle pour la soulever.

En la soulevant il rencontra sa main.

Elle poussa un cri faible.

« Vous ai-je fait mal ? demanda Marius.

– Un peu.

– Mais je n'ai touché que votre main. »

Elle leva sa main vers le regard de Marius, et Marius au milieu de cette main vit un trou noir.

« Qu'avez-vous donc à la main ? dit-il.

– Elle est percée.

– Percée !

1. **Panser** : soigner.

– Oui.

– De quoi ?

– D'une balle.

– Comment ?

– Avez-vous vu un fusil qui vous couchait en joue ?

– Oui, et une main qui l'a bouché.

– C'était la mienne. »

Marius eut un frémissement.

« Quelle folie ! Pauvre enfant ! Mais tant mieux, si c'est cela, ce n'est rien. Laissez-moi vous porter sur un lit. On va vous panser, on ne meurt pas d'une main percée. »

Elle murmura :

« La balle a traversé la main, mais elle est sortie par le dos. C'est inutile de m'ôter d'ici. Je vais vous dire comment vous pouvez me panser, mieux qu'un chirurgien. Asseyez-vous près de moi sur cette pierre. »

Il obéit ; elle posa sa tête sur les genoux de Marius, et, sans le regarder, elle dit :

« Oh ! que c'est bon ! Comme on est bien ! Voilà ! Je ne souffre plus. »

Elle demeura un moment en silence, puis elle tourna son visage avec effort et regarda Marius.

« Savez-vous, monsieur Marius ? Cela me taquinait[1] que vous entriez dans ce jardin, c'était bête, puisque c'était moi qui vous avais montré la maison, et puis enfin je devais bien me dire qu'un jeune homme comme vous... »

1. **Taquinait :** contrariait.

Éponine (Samantha Barks) dans *Les Misérables*, film de Tom Hooper, 2012.

Elle s'interrompit, et, franchissant les sombres transitions qui étaient sans doute dans son esprit, elle reprit avec un déchirant sourire :

« Vous me trouviez laide, n'est-ce pas ? »

Elle avait un air insensé, grave et navrant. Sa blouse déchirée montrait sa gorge nue. Elle appuyait en parlant sa main percée sur sa poitrine où il y avait un autre trou, et d'où il sortait par instants un flot de sang comme le jet de vin d'une bonde ouverte.

Marius considérait cette créature infortunée[1] avec une profonde compassion.

« Oh ! reprit-elle tout à coup, cela revient. J'étouffe ! »

Elle prit sa blouse et la mordit, et ses jambes se raidissaient sur le pavé.

En ce moment la voix de jeune coq du petit Gavroche retentit dans la barricade. L'enfant était monté sur une table pour charger son fusil et chantait gaîment la chanson alors si populaire :

En voyant Lafayette,
Le gendarme répète :
Sauvons-nous ! sauvons-nous ! sauvons-nous !

Éponine se souleva, et écouta, puis elle murmura :

« C'est lui. »

Et se tournant vers Marius :

« Mon frère est là. Il ne faut pas qu'il me voie. Il me gronderait. »

– Votre frère ? demanda Marius qui songeait dans le plus amer et le plus douloureux de son cœur aux devoirs que son père lui avait légués envers les Thénardier, qui est votre frère ?

1. **Infortunée :** malchanceuse.

– Le petit.

– Celui qui chante ?

– Oui. »

Marius fit un mouvement.

« Oh ! ne vous en allez pas ! dit-elle, cela ne sera pas long à présent. »

Elle était presque sur son séant, mais sa voix était très basse et coupée de hoquets. Par intervalles le râle l'interrompait. Elle approchait le plus qu'elle pouvait son visage du visage de Marius. Elle ajouta avec une expression étrange :

« Écoutez, je ne veux pas vous faire une farce. J'ai dans ma poche une lettre pour vous. Depuis hier. On m'avait dit de la mettre à la poste. Je l'ai gardée. Je ne voulais pas qu'elle vous parvînt. Mais vous m'en voudriez peut-être quand nous allons nous revoir tout à l'heure. On se revoit, n'est-ce pas ? Prenez votre lettre. »

Elle saisit convulsivement la main de Marius avec sa main trouée, mais elle semblait ne plus percevoir la souffrance. Elle mit la main de Marius dans la poche de sa blouse. Marius y sentit en effet un papier.

« Prenez », dit-elle.

Marius prit la lettre. Elle fit un signe de satisfaction et de consentement.

« Maintenant pour ma peine, promettez-moi... »

Et elle s'arrêta.

« Quoi ? demanda Marius.

– Promettez-moi !

– Je vous promets.

– Promettez-moi de me donner un baiser sur le front quand je serai morte. – Je le sentirai. »

Elle laissa retomber sa tête sur les genoux de Marius et ses paupières se fermèrent. Il crut cette pauvre âme partie. Éponine restait immobile ; tout à coup, à l'instant où Marius la croyait à jamais endormie, elle ouvrit lentement ses yeux où apparaissait la sombre profondeur de la mort, et lui dit avec un accent dont la douceur semblait déjà venir d'un autre monde :

« Et puis, tenez, monsieur Marius, je crois que j'étais un peu amoureuse de vous. »

Elle essaya encore de sourire et expira.

Marius comprend que Cosette avait, en réalité, bien pris soin de l'avertir de son départ, mais que, par jalousie, la pauvre Éponine a intercepté sa lettre. C'est également Éponine qui a adressé l'avertissement à Jean Valjean, « Déménagez ». Marius découvre que Cosette s'est installée rue de l'Homme-Armé[1]*. Il demande alors à Gavroche de porter une lettre à Cosette pour l'informer de sa décision de mourir au combat puisque leur amour est impossible. Ce faisant, il tient également promesse à Éponine en écartant Gavroche, son petit frère, de la barricade.*

1. Voir carte p. 291.

Chapitre 11

Jean Valjean découvre les amours de Cosette et Marius

La veille de ce même jour 5 juin, Jean Valjean, accompagné de Cosette et de Toussaint, s'était installé rue de l'Homme-Armé. Une péripétie l'y attendait.

On se rassure presque aussi follement qu'on s'inquiète ; la nature humaine est ainsi. À peine Jean Valjean fut-il rue de l'Homme-Armé que son anxiété s'éclaircit, et, par degrés, se dissipa. Il y a des lieux calmants qui agissent en quelque sorte mécaniquement sur l'esprit.

Son premier soin fut de mettre l'*inséparable*[1] à côté de lui.

Il dormit bien. La nuit conseille, on peut ajouter : la nuit apaise. Le lendemain matin, il s'éveilla presque gai.

Vers cinq heures, Toussaint, qui allait et venait, très occupée de ce petit emménagement, avait mis sur la table de la salle à manger une volaille froide que Cosette, par déférence[2] pour son père, avait consenti à regarder.

Cela fait, Cosette, prétextant une migraine persistante, avait dit bonsoir à Jean Valjean et s'était enfermée dans sa chambre à coucher. Jean Valjean avait mangé une aile de poulet avec appétit, et accoudé sur la table, rasséréné peu à peu, rentrait en possession de sa sécurité.

1. Il s'agit d'une valise dont Jean Valjean ne se sépare jamais.
2. **Déférence :** considération respectueuse.

Pendant qu'il faisait ce sobre dîner, il avait perçu confusément, à deux ou trois reprises, le bégayement de Toussaint qui lui disait: « Monsieur, il y a du train[1], on se bat dans Paris. » Mais, absorbé dans une foule de combinaisons intérieures, il n'y avait point pris garde. À vrai dire, il n'avait pas entendu.

Il se leva, et se mit à marcher de la fenêtre à la porte et de la porte à la fenêtre, de plus en plus apaisé.

Tout en marchant de long en large à pas lents, son regard rencontra tout à coup quelque chose d'étrange.

Il aperçut en face de lui, dans le miroir incliné qui surmontait le buffet, et il lut distinctement les quatre lignes que voici:

« Mon bien-aimé, hélas! mon père veut que nous partions tout de suite. Nous serons ce soir rue de l'Homme-Armé, n° 7. Dans huit jours nous serons à Londres. – COSETTE. 4 juin. »

Jean Valjean s'arrêta hagard.

Cosette en arrivant avait posé son buvard sur le buffet devant le miroir, et, toute à sa douloureuse angoisse, l'avait oublié là, sans même remarquer qu'elle le laissait tout ouvert, et ouvert précisément à la page sur laquelle elle avait appuyé, pour les sécher, les quatre lignes écrites par elle et dont elle avait chargé le jeune ouvrier passant rue Plumet. L'écriture s'était imprimée sur le buvard.

Le miroir reflétait l'écriture.

Jean Valjean alla au miroir. Il relut les quatre lignes, mais il n'y crut point. Elles lui faisaient l'effet d'apparaître dans de la lueur d'éclair. C'était une hallucination. Cela était impossible. Cela n'était pas.

1. **Il y a du train:** il y a de l'agitation, il se passe quelque chose (familier).

Peu à peu sa perception devint plus précise; il regarda le buvard de Cosette, et le sentiment du fait réel lui revint. Il prit le buvard et dit: «Cela vient de là». Il examina fiévreusement les quatre lignes imprimées sur le buvard, le renversement des lettres en faisait un griffonnage bizarre, et il n'y vit aucun sens. Alors il se dit: «Mais cela ne signifie rien, il n'y a rien d'écrit là.» Et il respira à pleine poitrine avec un inexprimable soulagement.

Il tenait le buvard à la main et le contemplait, stupidement heureux, presque prêt à rire de l'hallucination dont il avait été dupe. Tout à coup ses yeux retombèrent sur le miroir, et il revit la vision. Les quatre lignes s'y dessinaient avec une netteté inexorable. Cette fois ce n'était pas un mirage. La récidive d'une vision est une réalité, c'était palpable, c'était l'écriture redressée dans le miroir. Il comprit.

Jean Valjean chancela[1], laissa échapper le buvard, et s'affaissa dans le vieux fauteuil à côté du buffet, la tête tombante, la prunelle vitreuse, égaré. Il se dit que c'était évident, et que la lumière du monde était à jamais éclipsée, et que Cosette avait écrit cela à quelqu'un.

Jean Valjean jusqu'à ce jour n'avait pas été vaincu par l'épreuve. Il avait été soumis à des essais affreux; pas une voie de fait de la mauvaise fortune ne lui avait été épargnée; la férocité du sort, armée de toutes les vindictes[2] et de toutes les méprises sociales, l'avait pris pour sujet et s'était acharnée sur lui. Il n'avait reculé ni fléchi devant rien. Sa conscience, aguerrie à tous les assauts possibles de l'adversité, pouvait sembler à jamais imprenable.

1. **Chancela**: perdit l'équilibre.
2. **Vindictes**: punitions, châtiments.

Eh bien, quelqu'un qui eût vu son for intérieur eût été forcé de constater qu'à cette heure elle faiblissait.

C'est que de toutes les tortures qu'il avait subies dans cette longue question que lui donnait la destinée, celle-ci était la plus redoutable. Jamais pareille tenaille ne l'avait saisi. Il sentit le remuement mystérieux de toutes les sensibilités latentes. Il sentit le pincement de la fibre inconnue. Hélas, l'épreuve suprême, disons mieux, l'épreuve unique, c'est la perte de l'être aimé.

Excepté Cosette, c'est-à-dire excepté une enfance, Jean Valjean n'avait, dans toute sa longue vie, rien connu de ce qu'on peut aimer. Les passions et les amours qui se succèdent n'avaient point fait en lui de ces verts successifs, vert tendre sur vert sombre, qu'on remarque sur les feuillages qui passent l'hiver et sur les hommes qui passent la cinquantaine. En somme, et nous y avons plus d'une fois insisté, toute cette fusion intérieure, tout cet ensemble, dont la résultante était une haute vertu, aboutissait à faire de Jean Valjean un père pour Cosette. Père étrange forgé de l'aïeul, du fils, du frère et du mari qu'il y avait dans Jean Valjean ; père dans lequel il y avait même une mère ; père qui aimait Cosette et qui l'adorait, et qui avait cette enfant pour lumière, pour demeure, pour famille, pour patrie, pour paradis.

Aussi, quand il vit que c'était décidément fini, qu'elle lui échappait, qu'elle glissait de ses mains, qu'elle se dérobait, que c'était du nuage, que c'était de l'eau, quand il eut devant les yeux cette évidence écrasante : un autre est le but de son cœur, un autre est le souhait de sa vie ; il y a le bien-aimé, je ne suis que le père ; je n'existe plus ; quand il ne put plus douter, quand il se dit : Elle s'en va hors de moi ! la douleur qu'il éprouva dépassa le possible. Avoir fait tout ce qu'il avait fait pour en venir là ! et, quoi donc ! n'être rien !

Jean Valjean reprit le buvard, et se convainquit de nouveau ; il resta penché et comme pétrifié sur les quatre lignes irrécusables[1], l'œil fixe ; et il se fit en lui un tel nuage qu'on eût pu croire que tout le dedans de cette âme s'écroulait.

Son instinct n'hésita point. Il rapprocha certaines circonstances, certaines dates, certaines rougeurs et certaines pâleurs de Cosette, et il se dit : C'est lui. Dès sa première conjecture, il atteignit Marius. Il ne savait pas le nom, mais il trouva tout de suite l'homme. Il aperçut distinctement, au fond de l'implacable évocation du souvenir, le rôdeur inconnu du Luxembourg, ce misérable chercheur d'amourettes, ce fainéant de romance, cet imbécile, ce lâche, car c'est une lâcheté de venir faire les yeux doux à des filles qui ont à côté d'elles leur père qui les aime.

Après qu'il eut bien constaté qu'au fond de cette situation il y avait ce jeune homme, et que tout venait de là, lui, Jean Valjean regarda en lui-même et il y vit un spectre, la Haine.

Assis sur le pas de la porte, Jean Valjean tombe nez à nez avec Gavroche. Il parvient à intercepter le message destiné à Cosette. Le gamin s'en retourne alors aussitôt à la barricade. À la lecture de la lettre, Jean Valjean exulte à l'annonce de la mort prochaine de Marius, avant de tomber dans une sombre réflexion. Il décide enfin de se rendre lui aussi à la barricade, armé d'un fusil et vêtu de son costume de garde national.

1. **Irrécusables :** dont on ne peut pas remettre en question le contenu.

Jean Valjean (Dominic West) dans *Les Misérables*, série d'Andrew Davies et Tom Shankland, 2018-2019.

Partie 5 lue en intégralité

Partie 5

Jean Valjean

Cela fait seize heures que les insurgés tiennent la barricade quand Enjolras leur annonce qu'ils ne peuvent plus compter sur le soutien du peuple qui s'est rangé du côté de l'autorité. Tous décident de continuer à se battre, malgré une mort certaine. En se faisant passer pour un garde national, Jean Valjean réussit à rejoindre la troupe. Les combats reprennent, mais les munitions commencent à manquer. Le petit Gavroche décide alors d'aller récupérer les cartouches dans les réserves de munitions des soldats morts sur la barricade.

Chapitre 1

Gavroche dehors

Une vingtaine de morts gisaient çà et là dans toute la longueur de la rue sur le pavé. Une vingtaine de gibernes[1] pour Gavroche. Une provision de cartouches pour la barricade.

La fumée était dans la rue comme un brouillard.

Cet obscurcissement, probablement voulu et calculé par les chefs qui devaient diriger l'assaut de la barricade, fut utile à Gavroche.

Sous les plis de ce voile de fumée, et grâce à sa petitesse, il put s'avancer assez loin dans la rue sans être vu. Il dévalisa les sept ou huit premières gibernes sans grand danger.

Il rampait à plat ventre, galopait à quatre pattes, prenait son panier aux dents, se tordait, glissait, ondulait, serpentait d'un mort à l'autre, et vidait la giberne ou la cartouchière[2] comme un singe ouvre une noix.

1. **Gibernes :** petites boîtes attachées à la ceinture des soldats contenant leurs réserves de munitions.
2. **Cartouchière :** réserve de cartouches.

Adolphe Léon Willette, *Gavroche ramassant des balles pour la barricade*, vers 1903, huile sur toile, maisons de Victor Hugo, Paris-Guernesey.

De la barricade, dont il était encore assez près, on n'osait lui crier de revenir, de peur d'appeler l'attention sur lui.

À force d'aller en avant, il parvint au point où le brouillard de la fusillade devenait transparent.

Si bien que les tirailleurs de la ligne rangés et à l'affût derrière leur levée[1] de pavés, et les tirailleurs de la banlieue massés à l'angle de la rue, se montrèrent soudainement quelque chose qui remuait dans la fumée.

Au moment où Gavroche débarrassait de ses cartouches un sergent gisant près d'une borne, une balle frappa le cadavre.

« Fichtre ! fit Gavroche. Voilà qu'on me tue mes morts. »

Une deuxième balle fit étinceler le pavé à côté de lui. Une troisième renversa son panier.

Gavroche regarda, et vit que cela venait de la banlieue.

Il se dressa tout droit, debout, les cheveux au vent, les mains sur les hanches, l'œil fixé sur les gardes nationaux qui tiraient, et il chanta :

On est laid à Nanterre,
C'est la faute à Voltaire,
Et bête à Palaiseau,
C'est la faute à Rousseau.[2]

Puis il ramassa son panier, y remit, sans en perdre une seule, les cartouches qui en étaient tombées, et, avançant vers

1. **Levée** : monticule.
2. Célèbre chanson datant de 1785, qui défendait les idées des philosophes des Lumières, comme Voltaire (1694-1778) et Jean-Jacques Rousseau (1712-1778). En 1832, cette chanson devint le chant de ralliement des révolutionnaires.

la fusillade, alla dépouiller une autre giberne. Là une quatrième balle le manqua encore. Gavroche chanta :

Je ne suis pas notaire,
C'est la faute à Voltaire,
Je suis petit oiseau,
C'est la faute à Rousseau.

Une cinquième balle ne réussit qu'à tirer de lui un troisième couplet :

Joie est mon caractère,
C'est la faute à Voltaire,
Misère est mon trousseau,
C'est la faute à Rousseau.

Cela continua ainsi quelque temps.

Le spectacle était épouvantable et charmant. Gavroche, fusillé, taquinait la fusillade. Il avait l'air de s'amuser beaucoup. C'était le moineau becquetant les chasseurs. Il répondait à chaque décharge par un couplet. On le visait sans cesse, on le manquait toujours. Les gardes nationaux et les soldats riaient en l'ajustant. Il se couchait, puis se redressait, s'effaçait dans un coin de porte, puis bondissait, disparaissait, reparaissait, se sauvait, revenait, ripostait à la mitraille par des pieds de nez, et cependant pillait les cartouches, vidait les gibernes et remplissait son panier. Les insurgés, haletants d'anxiété, le suivaient des yeux. La barricade tremblait ; lui, il chantait. Ce n'était pas un enfant, ce n'était pas un homme ; c'était un étrange gamin fée. On eût dit le nain invulnérable de la mêlée. Les balles couraient après lui, il était plus leste qu'elles. Il jouait on ne sait quel effrayant jeu de cache-cache avec la mort ; chaque fois que la face camarde du spectre s'approchait, le gamin lui donnait une pichenette.

Une balle pourtant, mieux ajustée ou plus traître que les autres, finit par atteindre l'enfant feu follet[1]. On vit Gavroche chanceler, puis il s'affaissa. Toute la barricade poussa un cri; mais il y avait de l'Antée[2] dans ce pygmée[3]; pour le gamin toucher le pavé, c'est comme pour le géant toucher la terre; Gavroche n'était tombé que pour se redresser; il resta assis sur son séant, un long filet de sang rayait son visage, il éleva ses deux bras en l'air, regarda du côté d'où était venu le coup, et se mit à chanter:

Je suis tombé par terre,
C'est la faute à Voltaire,
Le nez dans le ruisseau,
C'est la faute à...

Il n'acheva point. Une seconde balle du même tireur l'arrêta court. Cette fois il s'abattit la face contre le pavé, et ne remua plus. Cette petite grande âme venait de s'envoler.

Midi sonne sur la barricade. Enjolras donne l'ordre de transformer le champ de bataille en forteresse imprenable. Jean Valjean demande au chef des insurgés l'autorisation d'exécuter lui-même le mouchard Javert. Alors qu'il charge son arme, les clairons se font entendre. L'heure du dernier combat a sonné. Jean Valjean conduit alors Javert dans une ruelle, à l'écart des affrontements.

1. **Feu follet:** petite flamme vive (désigne ici l'enfant insaisissable).
2. **Antée:** personnage de la mythologie grecque (fils de Gaïa, déesse de la Terre, et de Poséidon, dieu des mers) réputé invincible.
3. **Pygmée:** personne d'une tribu d'Afrique de très petite taille.

Chapitre 2

La vengeance de Jean Valjean

Quand Jean Valjean fut seul avec Javert, il défit la corde qui assujettissait[1] le prisonnier par le milieu du corps, et dont le nœud était sous la table. Après quoi, il lui fit signe de se lever.

Javert obéit, avec cet indéfinissable sourire où se condense la suprématie[2] de l'autorité enchaînée.

Jean Valjean prit Javert par la martingale[3] comme on prendrait une bête de somme[4] par la bricole[5], et, l'entraînant après lui, sortit du cabaret, lentement, car Javert, entravé[6] aux jambes, ne pouvait faire que de très petits pas.

Jean Valjean avait le pistolet au poing.

Ils franchirent ainsi le trapèze intérieur de la barricade. Les insurgés, tout à l'attaque imminente, tournaient le dos.

Marius, seul, placé de côté à l'extrémité gauche du barrage, les vit passer. Ce groupe du patient et du bourreau s'éclaira de la lueur sépulcrale[7] qu'il avait dans l'âme.

Jean Valjean fit escalader, avec quelque peine, à Javert garrotté, mais sans le lâcher un seul instant, le petit retranchement de la ruelle Mondétour.

---

1. **Assujettissait:** ici, empêchait de bouger.
2. **Suprématie:** supériorité.
3. **Martingale:** sangle de cuir utilisée pour attacher les prisonniers.
4. **Bête de somme:** animal pour tracter des machines agricoles.
5. **Bricole:** lanière de cuir qui entoure le cou des animaux de ferme.
6. **Entravé:** attaché.
7. **Sépulcrale:** mortelle.

Quand ils eurent enjambé ce barrage, ils se trouvèrent seuls tous les deux dans la ruelle. Personne ne les voyait plus. Le coude des maisons les cachait aux insurgés. Les cadavres retirés de la barricade faisaient un monceau terrible à quelques pas.

On distinguait dans le tas des morts une face livide, une chevelure dénouée, une main percée, et un sein de femme demi-nu. C'était Éponine.

Javert considéra obliquement cette morte, et, profondément calme, dit à demi-voix :

« Il me semble que je connais cette fille-là. »

Puis il se tourna vers Jean Valjean.

Jean Valjean mit le pistolet sous son bras, et fixa sur Javert un regard qui n'avait pas besoin de paroles pour dire : « Javert, c'est moi. »

Javert répondit :

« Prends ta revanche. »

Jean Valjean tira de son gousset un couteau, et l'ouvrit.

« Un surin[1] ! s'écria Javert. Tu as raison. Cela te convient mieux. »

Jean Valjean coupa la martingale que Javert avait au cou, puis il coupa les cordes qu'il avait aux poignets, puis se baissant, il coupa la ficelle qu'il avait aux pieds ; et, se redressant, il lui dit :

« Vous êtes libre. »

Javert n'était pas facile à étonner. Cependant, tout maître qu'il était de lui, il ne put se soustraire à une commotion[2]. Il resta béant et immobile.

1. **Surin :** poignard (argot).
2. **Se soustraire à une commotion :** s'empêcher d'être extrêmement surpris et troublé.

Jean Valjean poursuivit :

« Je ne crois pas que je sorte d'ici. Pourtant, si, par hasard, j'en sortais, je demeure, sous le nom de Fauchelevent, rue de l'Homme-Armé, numéro sept. »

Javert eut un froncement de tige[1] qui lui entrouvrit un coin de la bouche, et il murmura entre ses dents :

« Prends garde.

– Allez », dit Jean Valjean.

Javert reprit :

« Tu as dit Fauchelevent, rue de l'Homme-Armé ?

– Numéro sept. »

Javert répéta à demi-voix : « Numéro sept. »

Il reboutonna sa redingote, remit de la roideur militaire entre ses deux épaules, fit demi-tour, croisa les bras en soutenant son menton dans une de ses mains, et se mit à marcher dans la direction des halles. Jean Valjean le suivait des yeux. Après quelques pas, Javert se retourna, et cria à Jean Valjean :

« Vous m'ennuyez. Tuez-moi plutôt. »

Javert ne s'apercevait pas lui-même qu'il ne tutoyait plus Jean Valjean :

« Allez-vous-en », dit Jean Valjean.

Javert s'éloigna à pas lents. Un moment après, il tourna l'angle de la rue des Prêcheurs.

Quand Javert eut disparu, Jean Valjean déchargea le pistolet en l'air.

Puis il rentra dans la barricade et dit :

« C'est fait. »

1. **Froncement de tige :** mouvement nerveux.

Chapitre 3

La mort des héros

Tout à coup le tambour battit la charge.

L'attaque fut l'ouragan. La veille, dans l'obscurité, la barricade avait été approchée silencieusement comme par un boa. À présent, en plein jour, dans cette rue évasée, la surprise était décidément impossible, la vive force d'ailleurs s'était démasquée, le canon avait commencé le rugissement, l'armée se rua sur la barricade.

La rue se joncha[1] de cadavres.

La barricade avait à l'une de ses extrémités Enjolras et à l'autre Marius. Enjolras, qui portait toute la barricade dans sa tête, se réservait et s'abritait ; trois soldats tombèrent l'un après l'autre sous son créneau sans l'avoir même aperçu ; Marius combattait à découvert[2]. Il se faisait point de mire[3]. Il sortait du sommet de la redoute[4] plus qu'à mi-corps. Il n'y a pas de plus violent prodigue[5] qu'un avare qui prend le mors[6] aux dents ; il n'y a pas d'homme plus effrayant dans l'action qu'un songeur. Marius était formidable et pensif. Il était dans la bataille comme dans un rêve. On eût dit un fantôme qui fait le coup de fusil.

1. **Se joncha :** fut recouverte.
2. **À découvert :** sans protection, visible par tous les ennemis.
3. **Point de mire :** centre d'une cible (sens propre), personne que l'on vise (sens figuré).
4. **Redoute :** ouvrage fortifié qui abrite l'artillerie.
5. **Prodigue :** personne généreuse.
6. **Mors :** pièce métallique du harnais d'un cheval, que l'on place entre ses dents pour le diriger.

L'intérieur de la barricade était tellement semé de cartouches déchirées qu'on eût dit qu'il y avait neigé.

Les assaillants avaient le nombre; les insurgés avaient la position. Ils étaient au haut d'une muraille, et ils foudroyaient à bout portant les soldats trébuchant dans les morts et les blessés et empêtrés dans l'escarpement.

Les assauts se succédèrent. L'horreur alla grandissant.

Alors éclata, sur ce tas de pavés, dans cette rue de la Chanvrerie, une lutte digne d'une muraille de Troie[1]. Ces hommes hâves, déguenillés, épuisés, qui n'avaient pas mangé depuis vingt-quatre heures, qui n'avaient pas dormi, qui n'avaient plus que quelques coups à tirer, qui tâtaient leurs poches vides de cartouches, presque tous blessés, la tête ou le bras bandé d'un linge rouillé et noirâtre, ayant dans leurs habits des trous d'où le sang coulait, à peine armés de mauvais fusils et de vieux sabres ébréchés, devinrent des Titans[2]. La barricade fut dix fois abordée, assaillie, escaladée, et jamais prise.

Marius, toujours combattant, était si criblé de blessures, particulièrement à la tête, que son visage disparaissait dans le sang et qu'on eût dit qu'il avait la face couverte d'un mouchoir rouge.

Enjolras seul n'était pas atteint. Quand il n'avait plus d'arme, il tendait la main à droite ou à gauche et un insurgé lui mettait une lame quelconque au poing. Il n'avait plus qu'un tronçon de quatre épées.

1. Référence à la guerre de Troie dans la mythologie grecque, conflit qui opposa pendant dix ans les Grecs aux habitants de Troie, une ville protégée par d'infranchissables murailles.
2. **Titans:** monstres mythologiques dotés d'une immense force.

Un assaut plus virulent que les précédents vient à bout de la résistance des insurgés. Enjolras conduit les derniers combattants à l'abri, dans le cabaret de Corinthe qui est aussitôt assiégé. L'affrontement est terrible et les partisans de la République sont tués un par un. Enjolras, digne jusqu'au bout, est fusillé le dernier. La barricade est tombée. Marius, quant à lui, a été blessé. À l'extérieur du cabaret, il se sent soudain soulevé par une main vigoureuse. Est-il prisonnier de l'ennemi ?

Chapitre 4

Marius prisonnier

Marius était prisonnier en effet. Prisonnier de Jean Valjean.

La main qui l'avait étreint par derrière au moment où il tombait, et dont, en perdant connaissance, il avait senti le saisissement, était celle de Jean Valjean.

Jean Valjean n'avait pris au combat d'autre part que de s'y exposer[1]. Sans lui, à cette phase suprême de l'agonie[2], personne n'eût songé aux blessés. Grâce à lui, partout présent dans le carnage comme une providence, ceux qui tombaient étaient relevés, transportés dans la salle basse, et pansés. Dans les intervalles, il réparait la barricade.

Jean Valjean, dans la nuée épaisse du combat, n'avait pas l'air de voir Marius ; le fait est qu'il ne le quittait pas des yeux. Quand un coup de feu renversa Marius, Jean Valjean bondit avec une agilité de tigre, s'abattit sur lui comme sur une proie, et l'emporta.

1. La seule implication de Jean Valjean dans le combat est d'y avoir assisté.
2. **Agonie :** derniers instants de vie, longs et douloureux.

Le tourbillon de l'attaque était en cet instant-là si violemment concentré sur Enjolras et sur la porte du cabaret que personne ne vit Jean Valjean, soutenant dans ses bras Marius évanoui, traverser le champ dépavé de la barricade et disparaître derrière l'angle de la maison de Corinthe.

Là Jean Valjean s'arrêta, il laissa glisser à terre Marius, s'adossa au mur et jeta les yeux autour de lui.

La situation était épouvantable.

Pour l'instant, pour deux ou trois minutes peut-être, ce pan de muraille était un abri ; mais comment sortir de ce massacre ?

Un oiseau seul eût pu se tirer de là.

Et il fallait se décider sur-le-champ, trouver un expédient[1], prendre un parti. Jean Valjean s'élança. Sa vieille science des évasions lui monta au cerveau comme une clarté. Écarter les pavés, soulever la grille, charger sur ses épaules Marius inerte[2] comme un corps mort, descendre, avec ce fardeau sur les reins, en s'aidant des coudes et des genoux, dans cette espèce de puits heureusement peu profond, laisser retomber au-dessus de sa tête la lourde trappe de fer sur laquelle les pavés ébranlés croulèrent de nouveau, prendre pied sur une surface dallée à trois mètres au-dessous du sol, cela fut exécuté comme ce qu'on fait dans le délire, avec une force de géant et une rapidité d'aigle ; cela dura quelques minutes à peine.

Jean Valjean se trouva, avec Marius toujours évanoui, dans une sorte de long corridor souterrain.

Là, paix profonde, silence absolu, nuit.

1. **Expédient :** solution.
2. **Inerte :** inanimé, sans mouvement.

L'impression qu'il avait autrefois éprouvée en tombant de la rue dans le couvent, lui revint. Seulement, ce qu'il emportait aujourd'hui, ce n'était plus Cosette ; c'était Marius.

C'est à peine maintenant s'il entendait au-dessus de lui, comme un vague murmure, le formidable tumulte[1] du cabaret pris d'assaut.

Chapitre 5

Le labyrinthe des égouts

C'est dans l'égout de Paris que se trouvait Jean Valjean.

Ressemblance de plus de Paris avec la mer. Comme dans l'Océan, le plongeur peut y disparaître.

La transition était inouïe. Au milieu même de la ville, Jean Valjean était sorti de la ville ; et, en un clin d'œil, le temps de lever un couvercle et de le refermer, il avait passé du plein jour à l'obscurité complète, de midi à minuit, du fracas au silence, du tourbillon des tonnerres à la stagnation[2] de la tombe, et, par une péripétie bien plus prodigieuse encore que celle de la rue Polonceau[3], du plus extrême péril à la sécurité la plus absolue.

Chute brusque dans une cave ; disparition dans l'oubliette[4] de Paris ; quitter cette rue où la mort était partout pour cette espèce

1. **Tumulte :** mouvement de foule bruyant.
2. **Stagnation :** immobilité.
3. Dans la deuxième partie du roman, Jean Valjean y a déjà été traqué par Javert.
4. **Oubliette :** cachot aménagé dans le sous-sol des châteaux du Moyen Âge, où l'on enfermait les prisonniers.

de sépulcre[1] où il y avait la vie ; ce fut un instant étrange. Il resta quelques secondes comme étourdi ; écoutant, stupéfait.

Seulement le blessé ne remuait point, et Jean Valjean ne savait pas si ce qu'il emportait dans cette fosse était un vivant ou un mort.

Au bout de quelques instants, il n'était plus aveugle. La réalité est qu'ils étaient moins sauvés que Jean Valjean ne le croyait. Des périls[2] d'un autre genre et non moins grands les attendaient peut-être. Après le tourbillon fulgurant du combat, la caverne des miasmes[3] et des pièges ; après le chaos, le cloaque[4]. Jean Valjean était tombé d'un cercle de l'enfer dans l'autre.

Quand il eut fait cinquante pas, il fallut s'arrêter. Une question se présenta. Le couloir aboutissait à un autre boyau[5] qu'il rencontrait transversalement. Là s'offraient deux voies. Laquelle prendre ? fallait-il tourner à gauche ou à droite ? Comment s'orienter dans ce labyrinthe noir ? Ce labyrinthe, nous l'avons fait remarquer, a un fil ; c'est sa pente. Suivre la pente, c'est aller à la rivière.

Jean Valjean le comprit sur-le-champ.

Il se dit qu'il était probablement dans l'égout des Halles ; que, s'il choisissait la gauche et suivait la pente, il arriverait avant un quart d'heure à quelque embouchure sur la Seine entre le Pont-au-Change et le Pont-Neuf[6], c'est-à-dire à une apparition en plein jour sur le point le plus peuplé de Paris. Peut-être aboutirait-il à

1. **Sépulcre :** tombeau.
2. **Périls :** grands dangers.
3. **Miasmes :** mauvaises odeurs.
4. **Cloaque :** égouts.
5. **Boyau :** couloir, tunnel étroit.
6. Voir carte p. 291.

Illustration pour *Les Misérables*, 1885.

quelque cagnard[1] de carrefour. Stupeur des passants de voir deux hommes sanglants sortir de terre sous leurs pieds. Survenue des sergents de ville, prise d'armes du corps de garde[2] voisin. On serait saisi avant d'être sorti. Il valait mieux s'enfoncer dans le dédale[3], se fier à cette noirceur, et s'en remettre à la providence quant à l'issue.

Il remonta la pente et prit à droite.

Quand il eut tourné l'angle de la galerie, la lointaine lueur du soupirail disparut, le rideau d'obscurité retomba sur lui et il redevint aveugle. Il n'en avança pas moins, et aussi rapidement qu'il put. Les deux bras de Marius étaient passés autour de son cou et les pieds pendaient derrière lui. Il tenait les deux bras d'une main et tâtait le mur de l'autre. La joue de Marius touchait la sienne et s'y collait, étant sanglante. Il sentait couler sur lui et pénétrer sous ses vêtements un ruisseau tiède qui venait de Marius. Cependant une chaleur humide à son oreille que touchait la bouche du blessé indiquait de la respiration, et par conséquent de la vie.

Marius sur son dos, Jean Valjean continue de déambuler tant bien que mal dans le labyrinthe, cherchant désespérément une issue. Profitant d'un halo de lumière, il déchiffre un message trouvé dans la poche du mourant: « Je m'appelle Marius Pontmercy. Porter mon cadavre chez mon grand-père M. Gillenormand, rue des Filles-du-Calvaire, n°6, au Marais ». Après une marche épuisante, Jean Valjean découvre enfin une ouverture, mais celle-ci est fermée par des barreaux: il est pris au piège.

1. **Cagnard:** place ensoleillée, à découvert donc.
2. **Corps de garde:** caserne.
3. **Dédale:** labyrinthe.

Chapitre 6

La clef des champs[1]

Au milieu de cet anéantissement, une main se posa sur son épaule, et une voix qui parlait bas lui dit :

« Part à deux[2]. »

Quelqu'un dans cette ombre ? Rien ne ressemble au rêve comme le désespoir. Jean Valjean crut rêver. Il n'avait point entendu de pas. Était-ce possible ? Il leva les yeux.

Un homme était devant lui.

Jean Valjean n'eut pas un moment d'hésitation. Si imprévue que fût la rencontre, cet homme lui était connu. Cet homme était Thénardier.

Jean Valjean s'aperçut tout de suite que Thénardier ne le reconnaissait pas.

Ils se considérèrent un moment dans cette pénombre, comme s'ils se prenaient mesure[3]. Thénardier rompit le premier le silence.

« Comment vas-tu faire pour sortir ? »

Jean Valjean ne répondit pas.

Thénardier continua :

« Impossible de crocheter la porte. Il faut pourtant que tu t'en ailles d'ici.

– C'est vrai, dit Jean Valjean.

1. « Prendre la clef des champs » signifie fuir une situation oppressante, retrouver sa liberté.
2. **Part à deux :** expression qui désigne le partage en deux parties égales d'un butin volé (argot).
3. **Se prenaient mesure :** s'évaluaient, se jaugeaient.

– Eh bien, part à deux.

– Que veux-tu dire ?

– Tu as tué l'homme ; c'est bien. Moi, j'ai la clef. »

Thénardier montrait du doigt Marius. Il poursuivit :

« Je ne te connais pas, mais je veux t'aider. Tu dois être un ami. »

Jean Valjean commença à comprendre. Thénardier le prenait pour un assassin.

Thénardier reprit :

« Écoute, camarade. Tu n'as pas tué cet homme sans regarder ce qu'il avait dans ses poches. Donne-moi ma moitié. Je t'ouvre la porte. »

Et, tirant à demi une grosse clef de dessous sa blouse toute trouée, il ajouta :

« Veux-tu voir comment est faite la clef des champs ? Voilà. »

Thénardier fourra son poing dans une large poche cachée sous sa blouse, en tira une corde et la tendit à Jean Valjean.

« Tiens, dit-il, je te donne la corde par-dessus le marché.

– Pourquoi faire, une corde ?

– Il te faut aussi une pierre, mais tu en trouveras dehors. Il y a là un tas de gravats[1].

– Pourquoi faire, une pierre ?

– Imbécile, puisque tu vas jeter le pantre[2] à la rivière, il te faut une pierre et une corde, sans quoi ça flotterait sur l'eau. »

Jean Valjean prit la corde. Il n'est personne qui n'ait de ces acceptations machinales.

Thénardier reprit :

1. **Gravats :** débris de constructions.
2. **Pantre :** homme idiot, facile à tromper (argot).

« Finissons. Combien le pantre avait-il dans ses profondes[1] ? »

Jean Valjean se fouilla.

Il retourna sa poche, toute trempée de fange[2], et étala sur la banquette du radier[3] un louis d'or, deux pièces de cinq francs et cinq ou six gros sous.

Thénardier avança la lèvre inférieure avec une torsion de cou significative.

« Tu l'as tué pour pas cher, dit-il. »

Il se mit à palper, en toute familiarité, les poches de Jean Valjean et les poches de Marius.

« C'est vrai, dit-il, l'un portant l'autre, vous n'avez pas plus que ça. »

Et, oubliant son mot : *part à deux*, il prit tout.

Il hésita un peu devant les gros sous. Réflexion faite, il les prit aussi en grommelant :

« N'importe ! c'est suriner[4] les gens à trop bon marché. »

Cela fait, il tira de nouveau la clef de dessous sa blouse.

« Maintenant, l'ami, il faut que tu sortes. C'est ici comme à la foire, on paye en sortant. Tu as payé, sors. »

Et il se mit à rire.

Thénardier entre-bâilla la porte, livra tout juste passage à Jean Valjean, referma la grille, tourna deux fois la clef dans la serrure, et replongea dans l'obscurité, sans faire plus de bruit qu'un souffle. Il semblait marcher avec les pattes de velours du tigre. Un moment après, cette hideuse providence était rentrée dans l'invisible.

Jean Valjean se trouva dehors.

1. **Profondes :** poches (argot).
2. **Fange :** boue épaisse.
3. **Radier :** revêtement imperméable qui recouvre le sol des égouts.
4. **Suriner :** frapper à coups de couteau.

Chapitre 7

Marius comme mort

Il laissa glisser Marius sur la berge.

Ils étaient dehors !

Les miasmes, l'obscurité, l'horreur, étaient derrière lui. L'air salubre, pur, vivant, joyeux, librement respirable, l'inondait.

Jean Valjean fut pendant quelques secondes irrésistiblement vaincu par toute cette sérénité auguste et caressante. Puis, vivement, comme si le sentiment d'un devoir lui revenait, il se courba vers Marius, et, puisant de l'eau dans le creux de sa main, il lui en jeta doucement quelques gouttes sur le visage. Les paupières de Marius ne se soulevèrent pas ; cependant sa bouche entr'ouverte respirait.

Jean Valjean allait plonger de nouveau sa main dans la rivière, quand tout à coup il sentit je ne sais quelle gêne, comme lorsqu'on a, sans le voir, quelqu'un derrière soi.

Nous avons déjà indiqué ailleurs cette impression, que tout le monde connaît.

Il se retourna.

Comme tout à l'heure, quelqu'un en effet était derrière lui.

Un homme de haute stature, enveloppé d'une longue redingote, les bras croisés, et portant dans son poing droit un casse-tête[1] dont on voyait la pomme de plomb se tenait debout à quelques pas en arrière de Jean Valjean accroupi sur Marius.

1. **Casse-tête :** massue en pierre ou en bois.

Jean Valjean reconnut Javert.

Ces deux rencontres coup sur coup, tomber de Thénardier en Javert, c'était rude.

Javert ne reconnut pas Jean Valjean qui, nous l'avons dit, ne se ressemblait plus à lui-même. Il ne décroisa pas les bras, assura son casse-tête dans son poing par un mouvement imperceptible, et dit d'une voix brève et calme :

« Qui êtes-vous ?

– Moi.

– Qui, vous ?

– Jean Valjean. »

Javert mit le casse-tête entre ses dents, ploya les jarrets[1], inclina le torse, posa ses deux mains puissantes sur les épaules de Jean Valjean, qui s'y emboîtèrent comme dans deux étaux[2], l'examina, et le reconnut. Leurs visages se touchaient presque. Le regard de Javert était terrible.

Jean Valjean demeura inerte sous l'étreinte[3] de Javert comme un lion qui consentirait à la griffe d'un lynx.

« Inspecteur Javert, dit-il, vous me tenez. D'ailleurs, depuis ce matin je me considère comme votre prisonnier. Je ne vous ai point donné mon adresse pour chercher à vous échapper. Prenez-moi. Seulement, accordez-moi une chose. Disposez de moi comme il vous plaira ; mais aidez-moi d'abord à le rapporter chez lui. Je ne vous demande que cela. »

1. **Ploya les jarrets :** fléchit les genoux.
2. **Étaux :** mâchoires de métal qui permettent de maintenir fermement un objet.
3. **Étreinte :** ici, pression de Javert sur ses épaules.

Jean Valjean (Lino Ventura), Marius (Franck David) et Javert (Michel Bouquet) dans *Les Misérables*, film de Robert Hossein, 1982.

La face de Javert se contracta comme cela lui arrivait toutes les fois qu'on semblait le croire capable d'une concession. Cependant il ne dit pas non.

Il se courba de nouveau, tira de sa poche un mouchoir qu'il trempa dans l'eau, et essuya le front ensanglanté de Marius.

« Cet homme était à la barricade, dit-il à demi-voix et comme se parlant à lui-même. C'est celui qu'on appelait Marius. »

« C'est un blessé, dit Jean Valjean.

– C'est un mort », dit Javert.

Jean Valjean répondit :

« Non. Pas encore.

– Vous l'avez donc apporté de la barricade ici ? » observa Javert.

Jean Valjean, de son côté, semblait avoir une pensée unique. Il reprit :

« Il demeure au Marais, rue des Filles-du-Calvaire, chez son aïeul... – Je ne sais plus le nom. »

Jean Valjean fouilla dans l'habit de Marius, en tira le portefeuille, l'ouvrit à la page crayonnée par Marius, et le tendit à Javert.

Il déchiffra les quelques lignes écrites par Marius, et grommela : « Gillenormand, rue des Filles-du-Calvaire, numéro 6. »

Puis il cria :

« Cocher ! »

Javert garda le portefeuille de Marius.

Un moment après, la voiture, descendue par la rampe de l'abreuvoir, était sur la berge, Marius était déposé sur la banquette du fond, et Javert s'asseyait près de Jean Valjean sur la banquette de devant.

La portière refermée, le fiacre s'éloigna rapidement, remontant les quais dans la direction de la Bastille.

Marius, inconscient, est emmené dans la demeure de son grand-père. Recueilli par sa tante, il est porté à l'étage pour être soigné. Avant qu'il ne soit définitivement en état d'arrestation, Jean Valjean demande une dernière faveur à Javert : faire ses adieux à Cosette. Javert l'accompagne chez lui, mais alors qu'il devait attendre Jean Valjean sur le pas de la porte, il disparaît !

Chapitre 8

Le dilemme[1] de Javert

Javert s'était éloigné à pas lents de la rue de l'Homme-Armé.

Il marchait la tête baissée, pour la première fois de sa vie, et, pour la première fois de sa vie également, les mains derrière le dos.

Il s'enfonça dans les rues silencieuses

Cependant, il suivait une direction.

Il coupa par le plus court vers la Seine, gagna le quai des Ormes, longea le quai, dépassa la Grève, et s'arrêta, à quelque distance du poste de la place du Châtelet, à l'angle du pont Notre-Dame[2]. La Seine fait là, entre le pont Notre-Dame et le Pont au Change d'une part, et d'autre part entre le quai de la Mégisserie et le quai aux Fleurs, une sorte de lac carré traversé par un rapide[3].

Javert appuya ses deux coudes sur le parapet, son menton dans ses deux mains, et, pendant que ses ongles se crispaient machinalement dans l'épaisseur de ses favoris, il songea.

Javert souffrait affreusement.

Sa situation était inexprimable.

Devoir la vie à un malfaiteur, accepter cette dette et la rembourser, être, en dépit de soi-même, de plain-pied[4] avec un repris de justice, et lui payer un service avec un autre service ;

1. **Dilemme :** choix impossible entre deux options dont aucune n'est pleinement satisfaisante.
2. Voir carte p. 291.
3. **Rapide :** endroit du fleuve où le courant est fort et rapide.
4. **De plain-pied :** ici, d'égal à égal.

se laisser dire : Va-t'en, et lui dire à son tour : Sois libre ; sacrifier à des motifs personnels le devoir, cette obligation générale, et sentir dans ces motifs personnels quelque chose de général aussi, et de supérieur peut-être ; trahir la société pour rester fidèle à sa conscience : que toutes ces absurdités se réalisassent et qu'elles vinssent s'accumuler sur lui-même, c'est ce dont il était atterré.

Une chose l'avait étonné, c'était que Jean Valjean lui eût fait grâce[1], et une chose l'avait pétrifié, c'était que, lui Javert, il eût fait grâce à Jean Valjean.

Où en était-il ? Il se cherchait et ne se trouvait plus.

Que faire maintenant ? Livrer Jean Valjean, c'était mal ; laisser Jean Valjean libre, c'était mal. Dans le premier cas, l'homme de l'autorité tombait plus bas que l'homme du bagne ; dans le second, un forçat montait plus haut que la loi et mettait le pied dessus. Dans les deux cas, déshonneur pour lui Javert. Dans tous les partis qu'on pouvait prendre, il y avait de la chute. La destinée a de certaines extrémités à pic sur l'impossible, et au-delà desquelles la vie n'est plus qu'un précipice. Javert était à une de ces extrémités-là.

Chaque fois qu'il se mettait en face de cette action sans nom qu'il avait commise, il tremblait de la tête aux pieds. À quoi se résoudre ? Une seule ressource lui restait : retourner en hâte rue de l'Homme-Armé, et faire écrouer[2] Jean Valjean. Il était clair que c'était cela qu'il fallait faire. Il ne pouvait.

Quelque chose lui barrait le chemin de ce côté-là.

1. **Lui eût fait grâce :** l'ait épargné.
2. **Écrouer :** enfermer, emprisonner.

Quelque chose ? Quoi ? Est-ce qu'il y a au monde autre chose que les tribunaux, les sentences exécutoires[1], la police et l'autorité ? Javert était bouleversé.

Un galérien sacré ! un forçat imprenable à la justice ! et cela par le fait de Javert !

Jean Valjean, c'était là le poids qu'il avait sur l'esprit.

Jean Valjean le déconcertait. Tous les axiomes[2] qui avaient été les points d'appui de toute sa vie s'écroulaient devant cet homme. La générosité de Jean Valjean envers lui Javert l'accablait. D'autres faits, qu'il se rappelait et qu'il avait autrefois traités de mensonges et de folies, lui revenaient maintenant comme des réalités. M. Madeleine reparaissait derrière Jean Valjean, et les deux figures se superposaient de façon à n'en plus faire qu'une, qui était vénérable. Javert sentait que quelque chose d'horrible pénétrait dans son âme, l'admiration pour un forçat. Le respect d'un galérien, est-ce que c'est possible ? Il en frémissait, et ne pouvait s'y soustraire. Il avait beau se débattre, il était réduit à confesser dans son for intérieur la sublimité de ce misérable. Cela était odieux.

L'idéal pour Javert, ce n'était pas d'être humain, d'être grand, d'être sublime ; c'était d'être irréprochable.

Or, il venait de faillir[3].

Comment en était-il arrivé là ? comment tout cela s'était-il passé ? Il n'aurait pu se le dire à lui-même. Il prenait sa tête entre ses deux mains, mais il avait beau faire, il ne parvenait pas à se l'expliquer.

1. **Exécutoires :** qu'il faut appliquer tout de suite.
2. **Axiomes :** principes de conduite considérés comme indiscutables.
3. **Faillir :** manquer à ses engagements.

Javert (Earl Carpenter) dans *Les Misérables*, mise en scène de Laurence Connor et James Powell, Barbican Theatre, Londres (Royaume-Uni), 2010.

Il voyait ce qu'il lui répugnait de voir. Il se sentait vidé, inutile, disloqué[1] de sa vie passée, destitué[2], dissous. L'autorité était morte en lui. Il n'avait plus de raison d'être.

Il n'y avait que deux manières d'en sortir. L'une d'aller résolument à Jean Valjean, et de rendre au cachot l'homme du bagne. L'autre...

1. **Disloqué :** violemment arraché.
2. **Destitué :** écarté, détourné de sa voie.

L'endroit où Javert s'était accoudé était, on s'en souvient, précisément situé au-dessus du rapide de la Seine, à pic sur cette redoutable spirale de tourbillons qui se dénoue et se renoue comme une vis sans fin.

Javert pencha la tête et regarda. Tout était noir. On ne distinguait rien. On entendait un bruit d'écume ; mais on ne voyait pas la rivière.

Javert demeura quelques minutes immobile, regardant cette ouverture de ténèbres ; il considérait l'invisible avec une fixité qui ressemblait à de l'attention. L'eau bruissait. Tout à coup, il ôta son chapeau et le posa sur le rebord du quai. Un moment après, une figure haute et noire, que de loin quelque passant attardé eût pu prendre pour un fantôme, apparut debout sur le parapet, se courba vers la Seine, puis se redressa, et tomba droite dans les ténèbres ; il y eut un clapotement sourd, et l'ombre seule fut dans le secret des convulsions de cette forme obscure disparue sous l'eau.

Quelques semaines se sont écoulées depuis l'insurrection. Veillé par son grand-père, Marius se remet lentement de ses blessures, appelant sans cesse Cosette pendant ses longues nuits de fièvre et de délire. Un homme mystérieux, que le lecteur reconnaît comme étant Jean Valjean, vient chaque jour prendre de ses nouvelles. Lorsqu'il retrouve enfin ses forces, Marius n'a qu'une idée en tête: faire en sorte que son aïeul accepte son mariage avec Cosette. Le vieux Gillenormand, trop heureux de le retrouver, accède enfin à la requête de son petit-fils.

Chapitre 9

Enfin réunis

Cosette et Marius se revirent.

Ce que fut l'épreuve, nous renonçons à le dire. Il y a des choses qu'il ne faut pas essayer de peindre; le soleil est du nombre[1].

Toute la famille était réunie dans la chambre de Marius au moment où Cosette entra.

Elle apparut sur le seuil; il semblait qu'elle était dans un nimbe[2].

Précisément à cet instant-là, le grand-père allait se moucher; il resta court, tenant son nez dans son mouchoir et regardant Cosette par-dessus:

«Adorable!» s'écria-t-il.

Puis il se moucha bruyamment.

1. **Est du nombre:** en fait partie.
2. **Nimbe:** cercle de lumière qui entoure le visage des personnages sacrés (peinture).

Cosette était enivrée, ravie, effrayée, au ciel. Elle était aussi effarouchée[1] qu'on peut l'être par le bonheur. Elle balbutiait, toute pâle, toute rouge, voulant se jeter dans les bras de Marius, et n'osant pas. Honteuse d'aimer devant tout ce monde. On est sans pitié pour les amants heureux ; on reste là quand ils auraient le plus envie d'être seuls. Ils n'ont pourtant pas du tout besoin des gens.

Avec Cosette et derrière elle, était entré un homme en cheveux blancs, grave, souriant néanmoins, mais d'un vague et poignant sourire. C'était « monsieur Fauchelevent » ; c'était Jean Valjean.

M. Fauchelevent, dans la chambre de Marius, restait comme à l'écart près de la porte. Il avait sous le bras un paquet assez semblable à un volume in-octavo[2], enveloppé dans du papier. Le papier de l'enveloppe était verdâtre et semblait moisi.

M. Gillenormand saluant, dit à haute voix :

« Monsieur Tranchelevent... »

Le père Gillenormand ne le fit pas exprès, mais l'inattention aux noms propres était chez lui une manière aristocratique.

« Monsieur Tranchelevent, j'ai l'honneur de vous demander pour mon petit-fils, monsieur le baron Marius Pontmercy, la main de mademoiselle. »

« Monsieur Tranchelevent » s'inclina.

« C'est dit », fit l'aïeul.

Et, se tournant vers Marius et Cosette, les deux bras étendus et bénissant, il cria :

« Permission de vous adorer. »

1. **Effarouchée** : gênée.
2. **In-octavo** : livre de moyen format.

Tout le monde est heureux de s'occuper des préparatifs du mariage. Tandis que M. Gillenormand couvre sa belle-fille de présents, Jean Valjean parvient à récupérer l'argent qu'il avait gagné lorsqu'il officiait à l'usine de Montreuil-sur-Mer sous le nom de M. Madeleine. Il offre ainsi une dot de six cent mille francs à Cosette et fait en sorte de régler le difficile problème de l'état civil de la jeune fille, orpheline.

Chapitre 10

Marius mène l'enquête

L'enchantement, si grand qu'il fût, n'effaça point dans l'esprit de Marius d'autres préoccupations.

Pendant que le mariage s'apprêtait[1] et en attendant l'époque fixée, il fit faire de difficiles et scrupuleuses recherches rétrospectives[2].

Il devait la reconnaissance de plusieurs côtés; il en devait pour son père, il en devait pour lui-même.

Il y avait Thénardier; il y avait l'inconnu qui l'avait rapporté, lui Marius, chez M. Gillenormand.

Marius tenait à retrouver ces deux hommes, n'entendant point se marier, être heureux et les oublier, et craignant que ces dettes du devoir non payées ne fissent ombre sur sa vie, si lumineuse désormais. Il lui était impossible de laisser tout cet arriéré[3] en

1. **S'apprêtait:** se préparait.
2. **Rétrospectives:** pour reconstituer le passé.
3. **Arriéré:** ce qui n'a pas été payé, ce qui est encore dû.

souffrance derrière lui, et il voulait, avant d'entrer joyeusement dans l'avenir, avoir quittance du passé[1].

Que Thénardier fût un scélérat[2], cela n'ôtait rien à ce fait qu'il avait sauvé le colonel Pontmercy. Thénardier était un bandit pour tout le monde, excepté pour Marius.

Aucun des divers agents que Marius employa ne parvint à saisir la piste de Thénardier. L'effacement semblait complet de ce côté-là. La Thénardier était morte en prison pendant l'instruction[3] du procès. Thénardier et sa fille Azelma, les deux seuls qui restassent de ce groupe lamentable, avaient replongé dans l'ombre.

Quant à l'autre, quant à l'homme ignoré qui avait sauvé Marius, les recherches eurent d'abord quelque résultat, puis s'arrêtèrent court.

Un soir, Marius parlait, devant Cosette et Jean Valjean, de toute cette singulière aventure, des informations sans nombre qu'il avait prises et de l'inutilité de ses efforts. Le visage froid de « monsieur Fauchelevent » l'impatientait. Il s'écria avec une vivacité qui avait presque la vibration de la colère :

« Oui, cet homme-là, quel qu'il soit, a été sublime. Savez-vous ce qu'il a fait, monsieur ? Il est intervenu comme l'archange. Il a fallu qu'il se jetât au milieu du combat, qu'il me dérobât, qu'il ouvrît l'égout, qu'il m'y traînât, qu'il m'y portât ! Il a fallu qu'il fît plus d'une lieue et demie dans d'affreuses galeries souterraines, courbé, ployé, dans les ténèbres, l'unique dans le cloaque, plus

1. **Avoir quittance du passé :** ne plus avoir de dettes.
2. **Scélérat :** homme capable des pires actions.
3. **Instruction :** temps qui précède le procès, pendant lequel l'enquête est menée.

Cosette (Virginie Ledoyen) et Jean Valjean (Gérard Depardieu) dans *Les Misérables*, série de Josée Dayan, 2000.

d'une lieue et demie, monsieur, avec un cadavre sur le dos ! Et dans quel but ? Dans l'unique but de sauver ce cadavre. Et ce cadavre, c'était moi. Il s'est dit : Il y a encore là peut-être une lueur de vie ; je vais risquer mon existence à moi pour cette misérable étincelle ! Et son existence, il ne l'a pas risquée une fois, mais vingt ! Et chaque pas était un danger. La preuve, c'est qu'en sortant de l'égout il a été arrêté. Savez-vous, monsieur, que cet homme a fait tout cela ? Et aucune récompense à attendre. Qu'étais-je ? Un insurgé. Qu'étais-je ? Un vaincu. Oh ! si les six cent mille francs de Cosette étaient à moi...

– Ils sont à vous, interrompit Jean Valjean.

– Eh bien, reprit Marius, je les donnerais pour retrouver cet homme ! »

Jean Valjean garda le silence.

Le mariage de Cosette et Marius a lieu le 16 février 1833. À cause d'une douleur au pouce, Jean Valjean a le bras en écharpe et ne peut donc signer le contrat de mariage ; M. Gillenormand, désigné tuteur de Cosette, signe à sa place. Un magnifique banquet est organisé chez le grand-père de Marius, les époux sont radieux. Mais au moment de passer à table, mariés et convives s'aperçoivent que « M. Fauchelevent » a discrètement quitté les lieux. Rentré chez lui, Jean Valjean pleure toute la nuit, effondré d'être désormais séparé de sa petite Cosette.

Chapitre 11

L'ultime dilemme

La vieille lutte formidable, dont nous avons déjà vu plusieurs phases, recommença.

Jacob ne lutta avec l'ange qu'une nuit[1]. Hélas ! combien de fois avons-nous vu Jean Valjean saisi corps à corps dans les ténèbres par sa conscience et luttant éperdument contre elle !

Cette nuit-là pourtant, Jean Valjean sentit qu'il livrait son dernier combat.

Une question se présentait, poignante.

Il était parvenu au suprême croisement du bien et du mal. Il avait cette ténébreuse intersection sous les yeux. Cette fois encore, comme cela lui était déjà arrivé dans d'autres péripéties douloureuses, deux routes s'ouvraient devant lui ; l'une tentante, l'autre effrayante. Laquelle prendre ?

La question qui se présentait, la voici :

De quelle façon Jean Valjean allait-il se comporter avec le bonheur de Cosette et de Marius ? Ce bonheur, c'était lui qui l'avait voulu, c'était lui qui l'avait fait ; il se l'était lui-même enfoncé dans les entrailles, et à cette heure, en le considérant, il pouvait avoir l'espèce de satisfaction qu'aurait un armurier qui reconnaîtrait sa marque de fabrique sur un couteau, en se le retirant tout fumant de la poitrine.

1. Référence à un épisode de la Bible au cours duquel Jacob lutte toute une nuit avec un ange dont il obtient finalement la bénédiction et le nom d'Israël pour sa descendance.

Cosette avait Marius. Marius possédait Cosette. Ils avaient tout, même la richesse. Et c'était son œuvre.

Mais ce bonheur, maintenant qu'il existait, maintenant qu'il était là, qu'allait-il en faire, lui Jean Valjean ? S'imposerait-il à ce bonheur ? Le traiterait-il comme lui appartenant ? Sans doute Cosette était à un autre ; mais lui Jean Valjean retiendrait-il de Cosette tout ce qu'il en pourrait retenir ? Resterait-il l'espèce de père, entrevu, mais respecté, qu'il avait été jusqu'alors ? S'introduirait-il tranquillement dans la maison de Cosette ? Apporterait-il, sans dire mot, son passé à cet avenir ? Continuerait-il de se taire ? En un mot serait-il, près de ces deux êtres heureux, le sinistre muet de la destinée ?

Il examina l'impitoyable problème sous toutes ses faces.

Cosette, cette existence charmante, était le radeau de ce naufragé. Que faire ? S'y cramponner, ou lâcher prise ?

S'il s'y cramponnait, il sortait du désastre, il remontait au soleil, il laissait ruisseler de ses vêtements et de ses cheveux l'eau amère, il était sauvé, il vivait.

Allait-il lâcher prise ?

Alors, l'abîme.

Il tenait ainsi douloureusement conseil avec sa pensée. Ou, pour mieux dire, il combattait ; il se ruait, furieux, au dedans de lui-même, tantôt contre sa volonté, tantôt contre sa conviction.

Enfin Jean Valjean entra dans le calme de l'accablement.

Il pesa, il songea, il considéra les alternatives de la mystérieuse balance de lumière et d'ombre.

Imposer son bagne à ces deux enfants éblouissants, ou consommer lui-même son irrémédiable[1] engloutissement. D'un côté le sacrifice de Cosette, de l'autre le sien propre.

Sa rêverie vertigineuse[2] dura toute la nuit.

Le lendemain des noces, Jean Valjean se rend chez M. Gillenormand. Il demande à parler à Marius. Le jeune homme le retrouve dans le salon tandis que Cosette dort encore. Tout heureux de le revoir, Marius ne se doute pas un seul instant de la révélation qui va suivre.

Chapitre 12

La révélation

« Monsieur, dit Jean Valjean, j'ai une chose à vous dire. Je suis un ancien forçat. »

La limite des sons aigus perceptibles peut être tout aussi bien dépassée pour l'esprit que pour l'oreille. Ces mots : *Je suis un ancien forçat*, sortant de la bouche de M. Fauchelevent et entrant dans l'oreille de Marius, allaient au-delà du possible. Marius n'entendit pas. Il lui sembla que quelque chose venait de lui être dit ; mais il ne sut quoi. Il resta béant.

Il s'aperçut alors que l'homme qui lui parlait était effrayant. Tout à son éblouissement, il n'avait pas jusqu'à ce moment remarqué cette pâleur terrible.

1. **Irrémédiable :** contre lequel on ne peut rien.
2. **Vertigineuse :** qui donne le vertige.

Jean Valjean dénoua la cravate noire qui lui soutenait le bras droit, défit le linge roulé autour de sa main, mit son pouce à nu et le montra à Marius.

« Je n'ai rien à la main », dit-il.

Marius regarda le pouce.

« Je n'y ai jamais rien eu », reprit Jean Valjean.

Il n'y avait en effet aucune trace de blessure.

Jean Valjean poursuivit :

« Il convenait que je fusse absent de votre mariage. Je me suis fait absent le plus que j'ai pu. J'ai supposé cette blessure pour ne point faire un faux, pour ne pas introduire de nullité[1] dans les actes du mariage, pour être dispensé de signer. »

Marius bégaya :

« Qu'est-ce que cela veut dire ?

– Cela veut dire, répondit Jean Valjean, que j'ai été aux galères.

– Vous me rendez fou ! s'écria Marius épouvanté.

– Monsieur Pontmercy, dit Jean Valjean, j'ai été dix-neuf ans aux galères. Pour vol. Puis j'ai été condamné à perpétuité. Pour vol. Pour récidive. À l'heure qu'il est, je suis en rupture de ban[2]. »

Marius avait beau reculer devant la réalité, refuser le fait, résister à l'évidence, il fallait s'y rendre[3]. Il commença à comprendre, et comme cela arrive toujours en pareil cas, il comprit au-delà. Il eut le frisson d'un hideux éclair intérieur ; une idée, qui le fit frémir, lui traversa l'esprit. Il entrevit dans l'avenir, pour lui-même, une destinée difforme.

1. **Nullité :** absence de valeur juridique.
2. **Rupture de ban :** non-respect d'une condamnation judiciaire.
3. **S'y rendre :** l'admettre.

« Dites tout, dites tout ! cria-t-il. Vous êtes le père de Cosette ! »

Et il fit deux pas en arrière avec un mouvement d'indicible horreur.

Jean Valjean redressa la tête dans une telle majesté d'attitude qu'il sembla grandir jusqu'au plafond.

« Que suis-je pour Cosette ? un passant. Il y a dix ans, je ne savais pas qu'elle existât. Je l'aime, c'est vrai. Une enfant qu'on a vue petite, étant soi-même déjà vieux, on l'aime. Quand on est vieux, on se sent grand-père pour tous les petits enfants. Vous pouvez, ce me semble, supposer que j'ai quelque chose qui ressemble à un cœur. Elle était orpheline. Sans père ni mère. Elle avait besoin de moi. Voilà pourquoi je me suis mis à l'aimer. C'est si faible les enfants, que le premier venu, même un homme comme moi, peut être leur protecteur. »

Marius était stupéfié de la situation nouvelle qui lui apparaissait, au point de parler à cet homme presque comme quelqu'un qui lui en aurait voulu de cet aveu.

« Mais enfin, s'écria-t-il, pourquoi me dites-vous tout cela ? Qu'est-ce qui vous y force ? Vous pouviez vous garder le secret à vous-même. Vous n'êtes ni dénoncé, ni poursuivi, ni traqué ? Vous avez une raison pour faire, de gaîté de cœur, une telle révélation. Achevez. Il y a autre chose. À quel propos faites-vous cet aveu ? Pour quel motif ?

– Pour quel motif ? répondit Jean Valjean d'une voix si basse et si sourde qu'on eût dit que c'était à lui-même qu'il parlait plus qu'à Marius. Pour quel motif, en effet, ce forçat vient-il dire : Je suis un forçat ? Eh bien oui ! le motif est étrange. C'est par honnêteté. »

À la suite de cet aveu, Marius promet à Jean Valjean de ne jamais révéler le secret à Cosette. Cependant, les jours passant, Marius fait preuve d'une hostilité grandissante à l'égard de son beau-père qui, se rendant compte de ce changement, espace de plus en plus ses visites auprès de Cosette, jusqu'à ne plus venir les voir. La jeune femme, éperdue de bonheur, s'en aperçoit à peine. Éloigné d'elle, Jean Valjean se laisse dépérir. Un jour, Marius reçoit la visite d'un étrange personnage, qui a modifié son apparence : Thénardier. Afin de lui soutirer de l'argent, ce dernier lui révèle le passé de forçat de Jean Valjean, ce que Marius sait déjà. Mais il lui dévoile aussi, malgré lui, que Jean Valjean n'a pas tué Javert, que sa fortune est légitime et, surtout, qu'il a sauvé la vie du jeune homme sur les barricades. Marius s'empresse d'aller chercher Cosette pour se rendre aussitôt au chevet du vieillard.

Chapitre 13

La mort de Jean Valjean

Au coup qu'il entendit frapper à sa porte, Jean Valjean se retourna.

« Entrez », dit-il faiblement.

La porte s'ouvrit. Cosette et Marius parurent.

Cosette se précipita dans la chambre.

Marius resta sur le seuil, debout, appuyé contre le montant de la porte.

« Cosette ! » dit Jean Valjean, et il se dressa sur sa chaise, les bras ouverts et tremblants, hagard, livide, sinistre, une joie immense dans les yeux.

Cosette, suffoquée d'émotion, tomba sur la poitrine de Jean Valjean.

« Père ! » dit-elle.

Jean Valjean, bouleversé, bégayait :

« Cosette ! elle ! vous, madame ! c'est toi ! Ah mon Dieu ! »

Et, serré dans les bras de Cosette, il s'écria :

« C'est toi ! tu es là ! Tu me pardonnes donc ! »

Marius, baissant les paupières pour empêcher ses larmes de couler, fit un pas et murmura entre ses lèvres contractées convulsivement pour arrêter les sanglots :

« Mon père !

– Et vous aussi, vous me pardonnez ! » dit Jean Valjean.

Marius ne put trouver une parole, et Jean Valjean ajouta :

« Merci. »

Cosette arracha son châle et jeta son chapeau sur le lit.

« Cela me gêne », dit-elle.

Et, s'asseyant sur les genoux du vieillard, elle écarta ses cheveux blancs d'un mouvement adorable, et lui baisa le front.

Jean Valjean se laissait faire, égaré.

Cosette, qui ne comprenait que très confusément, redoublait ses caresses, comme si elle voulait payer la dette de Marius.

Jean Valjean balbutiait :

« Comme on est bête ! Je croyais que je ne la verrais plus. Figurez-vous, monsieur Pontmercy, qu'au moment où vous êtes entré, je me disais : “C'est fini. Voilà sa petite robe, je suis un misérable homme, je ne verrai plus Cosette”, je disais cela au moment même où vous montiez l'escalier. Étais-je idiot ! Voilà comme on est idiot ! Mais on compte sans le bon Dieu. Le bon Dieu dit : « Tu t'imagines qu'on va t'abandonner, bêta ! Non, non, ça ne se passera pas comme ça. Allons, il y a là un pauvre bonhomme qui a besoin d'un ange». Et l'ange vient; et l'on revoit sa Cosette, et l'on revoit sa petite Cosette! Ah! j'étais bien malheureux!»

Il fut un moment sans pouvoir parler, puis il poursuivit:

«J'avais vraiment besoin de voir Cosette une petite fois de temps en temps. Un cœur, cela veut un os à ronger. Cependant je sentais bien que j'étais de trop. Je me donnais des raisons: Ils n'ont pas besoin de toi, reste dans ton coin, on n'a pas le droit de s'éterniser. Ah! Dieu béni, je la revois! Sais-tu, Cosette, que ton mari est très beau? Ah! tu as un joli col brodé, à la bonne heure. J'aime ce dessin-là. C'est ton mari qui l'a choisi, n'est-ce pas? Et puis, il te faudra des cachemires[1]. Monsieur Pontmercy, laissez-moi la tutoyer. Ce n'est pas pour longtemps.»

Et Cosette reprenait:

«Quelle méchanceté de nous avoir laissés comme cela! Où êtes-vous donc allé? pourquoi avez-vous été si longtemps? Autrefois vos voyages ne duraient pas plus de trois ou quatre jours. J'ai envoyé Nicolette[2], on répondait toujours: Il est absent. Depuis quand êtes-vous revenu? Pourquoi ne pas nous l'avoir fait savoir? Savez-vous que vous êtes très changé? Ah! le vilain père! il a été malade, et nous ne l'avons pas su! Tiens, Marius, tâte sa main comme elle est froide!

– Ainsi vous voilà! Monsieur Pontmercy, vous me pardonnez!» répéta Jean Valjean.

Cosette prit les deux mains du vieillard dans les siennes.

«Mon Dieu! dit-elle, vos mains sont encore plus froides. Est-ce que vous êtes malade? Est-ce que vous souffrez?

1. **Cachemires:** étoffes fines et légères, coûteuses.
2. **Nicolette:** servante de Marius et Cosette.

– Moi ? non, répondit Jean Valjean, je suis très bien. Seulement... »

Il s'arrêta.

« Seulement quoi ?

– Je vais mourir tout à l'heure. »

Cosette et Marius frissonnèrent.

– Mourir ! s'écria Marius.

– Oui, mais ce n'est rien », dit Jean Valjean.

Il respira, sourit, et reprit :

« Cosette, tu me parlais, continue, parle encore, ton petit rouge-gorge est donc mort, parle, que j'entende ta voix ! »

Marius pétrifié regardait le vieillard.

Cosette poussa un cri déchirant.

« Père ! mon père ! vous vivrez. Vous allez vivre. Je veux que vous viviez, entendez-vous ! »

Jean Valjean leva la tête vers elle avec adoration.

Un bruit se fit à la porte. C'était le médecin qui entrait.

« Bonjour et adieu, docteur, dit Jean Valjean. Voici mes pauvres enfants. »

Marius s'approcha du médecin. Il lui adressa ce seul mot : « Monsieur ?... » mais dans la manière de le prononcer, il y avait une question complète.

Le médecin répondit à la question par un coup d'œil expressif.

« Parce que les choses déplaisent, dit Jean Valjean, ce n'est pas une raison pour être injuste envers Dieu. »

Il y eut un silence. Toutes les poitrines étaient oppressées.

Jean Valjean se tourna vers Cosette. Il se mit à la contempler comme s'il voulait en prendre pour l'éternité. À la profondeur

Gustave Brion, *Marius et Cosette rendent visite à Jean Valjean malade*, illustration pour *Les Misérables*, 1866.

d'ombre où il était déjà descendu, l'extase[1] lui était encore possible en regardant Cosette. La réverbération de ce doux visage illuminait sa face pâle. Le sépulcre peut avoir son éblouissement.

Le médecin lui tâta le pouls.

«Ah! c'est vous qu'il lui fallait!» murmura-t-il en regardant Cosette et Marius.

Et, se penchant à l'oreille de Marius, il ajouta très bas:

«Trop tard.»

Jean Valjean, presque sans cesser de regarder Cosette, considéra Marius et le médecin avec sérénité. On entendit sortir de sa bouche cette parole à peine articulée

«Ce n'est rien de mourir; c'est affreux de ne pas vivre.»

Il fit signe à Cosette d'approcher, puis à Marius; c'était évidemment la dernière minute de la dernière heure, et il se mit à leur parler d'une voix si faible qu'elle semblait venir de loin, et qu'on eût dit qu'il y avait dès à présent une muraille entre eux et lui.

«Approche, approchez tous deux. Je vous aime bien. Oh! c'est bon de mourir comme cela! Toi aussi, tu m'aimes, ma Cosette. Je savais bien que tu avais toujours de l'amitié pour ton vieux bonhomme. Comme tu es gentille de m'avoir mis ce coussin sous les reins! Tu me pleureras un peu, n'est-ce pas? Pas trop. Je ne veux pas que tu aies de vrais chagrins. Il faudra vous amuser beaucoup, mes enfants. Mes enfants, vous n'oublierez pas que je suis un pauvre, vous me ferez enterrer dans le premier coin de terre venu sous une pierre pour marquer l'endroit. C'est là ma

1. **Extase:** émerveillement divin.

volonté. Pas de nom sur la pierre. Si Cosette veut venir un peu quelquefois, cela me fera plaisir. Vous aussi, monsieur Pontmercy. Il faut que je vous avoue que je ne vous ai pas toujours aimé ; je vous en demande pardon. Maintenant, elle et vous, vous n'êtes qu'un pour moi. Je vous suis très reconnaissant. Je sens que vous rendez Cosette heureuse. Mes enfants, ne pleurez pas, je ne vais pas très loin. Je vous verrai de là. Vous n'aurez qu'à regarder quand il fera nuit, vous me verrez sourire. Je vais donc m'en aller, mes enfants. Aimez-vous bien toujours. Approchez encore. Je meurs heureux. Donnez-moi vos chères têtes bien-aimées, que je mette mes mains dessus. »

Cosette et Marius tombèrent à genoux, éperdus, étouffés de larmes, chacun sur une des mains de Jean Valjean. Ces mains augustes ne remuaient plus.

Il était renversé en arrière, la lueur des deux chandeliers l'éclairait ; sa face blanche regardait le ciel, il laissait Cosette et Marius couvrir ses mains de baisers ; il était mort.

La nuit était sans étoiles et profondément obscure. Sans doute, dans l'ombre, quelque ange immense était debout, les ailes déployées, attendant l'âme.

Chapitre 14

La tombe de Jean Valjean

Il y a, au cimetière du Père-Lachaise, aux environs de la fosse commune[1], loin du quartier élégant de cette ville des sépulcres, loin de tous ces tombeaux de fantaisie qui étalent en présence de l'éternité les hideuses modes de la mort, dans un angle désert, le long d'un vieux mur, sous un grand if[2] auquel grimpent, parmi les chiendents[3] et les mousses, les liserons[4], une pierre. Cette pierre n'est pas plus exempte[5] que les autres des lèpres[6] du temps, de la moisissure, du lichen[7], et des fientes[8] d'oiseaux. L'eau la verdit, l'air la noircit. Elle n'est voisine d'aucun sentier, et l'on n'aime pas aller de ce côté-là, parce que l'herbe est haute et qu'on a tout de suite les pieds mouillés. Quand il y a un peu de soleil, les lézards y viennent. Il y a, tout autour, un frémissement de folles avoines. Au printemps, les fauvettes[9] chantent dans l'arbre.

Cette pierre est toute nue. On n'a songé en la taillant qu'au nécessaire de la tombe, et l'on n'a pris d'autre soin que de faire cette pierre assez longue et assez étroite pour couvrir un homme.

1. **Fosse commune :** fosse où s'entassaient les cadavres des pauvres qui n'avaient pas les moyens de payer une tombe ou un cercueil.
2. **If :** variété d'arbre que l'on trouve souvent dans les cimetières.
3. **Chiendents :** mauvaises herbes.
4. **Liserons :** plantes grimpantes.
5. **Exempte :** dispensée, épargnée.
6. **Lèpres :** dégradations (figuré).
7. **Lichen :** mousse.
8. **Fientes :** excréments.
9. **Fauvettes :** petits oiseaux.

Max Pechstein, *Cimetière à Dresde*, 1906,
huile sur toile, Brücke Museum, Berlin (Allemagne).

On n'y lit aucun nom.

Seulement, voilà de cela bien des années déjà, une main y a écrit au crayon ces quatre vers qui sont devenus peu à peu illisibles sous la pluie et la poussière, et qui probablement sont aujourd'hui effacés :

Il dort. Quoique le sort fût pour lui bien étrange,
Il vivait. Il mourut quand il n'eut plus son ange ;
La chose simplement d'elle-même arriva,
Comme la nuit se fait lorsque le jour s'en va.

Comprendre le texte

Vérifier sa compréhension du texte

Répondez aux questions suivantes.

1. Pourquoi Jean Valjean a-t-il été condamné à dix-neuf ans de bagne ?

2. Quels sont ses différents noms dans le récit ?

3. Quels engagements Jean Valjean prend-il auprès de monseigneur Myriel, puis de Fantine ? Les honore-t-il ?

4. Quel personnage traque Jean Valjean tout au long du récit ? Parvient-il à ses fins ?

5. Pourquoi Fantine confie-t-elle Cosette aux Thénardier ? Comment ces derniers traitent-ils la petite fille ?

6. Qui sont Gavroche et Éponine ? Quel lien ont-ils ?

7. Pourquoi Marius loge-t-il dans la masure Gorbeau ? Quand la quitte-t-il et pourquoi ?

8. Quels personnages font obstacle à la relation amoureuse entre Marius et Cosette ?

9. Quels personnages se retrouvent sur la barricade de la rue de la Chanvrerie ? Précisez ceux qui y meurent ou y sont blessés.

10. Selon vous, pour quels personnages la fin du roman est-elle heureuse ? malheureuse ?

Donner ses impressions de lecture

1. Selon vous, quels adjectifs qualifient le mieux le roman que vous venez de lire ?

Captivant | Émouvant | Ennuyeux | Optimiste

Pessimiste | Révoltant | Surprenant | Triste

2. Quel personnage avez-vous préféré ? Dressez-en le portrait et retracez son évolution du début à la fin du roman.

3. Que pensez-vous de la famille Thénardier, en particulier du père et de la mère ?

4. Selon vous, le personnage de Jean Valjean peut-il être un modèle à suivre pour les lecteurs ?

5. En vous aidant de la définition de l'adjectif « misérable », expliquez le titre du roman choisi par Victor Hugo.

Misérable n. m.

1. Dont l'état, la condition inspirent la pitié, appellent la compassion. Se dit particulièrement d'une personne qui vit dans la misère, et que l'on considère avec pitié et parfois avec condescendance.

2. En mauvaise part. Dont la conduite suscite le mépris et l'indignation.

3. Qui a peu de valeur ; par extension, dont on fait peu de cas.

Dictionnaire de l'Académie française.

Analyser les passages clés

Extrait 1 Jean Valjean, un homme entre le Bien et le Mal (Partie 1, chap. 13 et 14, p. 66-75)

→ Comment le dilemme de Jean Valjean s'exprime-t-il ?

1 LANGUE Quel type de phrase domine le début du monologue intérieur de Jean Valjean (p. 66) ? Quel est l'effet produit ?

> **Coup de pouce** Le **monologue intérieur** est un procédé narratif qui consiste à suivre, à l'aide du point de vue interne, le cheminement de la pensée d'un personnage.

2 À quel dilemme le personnage est-il confronté ? Relevez les deux solutions envisagées et les arguments en faveur de l'une ou l'autre.

Solution 1:	Solution 2: ....
Arguments	Arguments ....

3 Qui est l'évêque mentionné aux pages 68 et 69 ? Pourquoi Jean Valjean l'évoque-t-il ?

4 Quelle décision prend-il finalement à la fin du chapitre 13 ?

5 **a.** Au chapitre 14, comment caractériseriez-vous l'attitude de Javert envers Fantine et Jean Valjean ?

Agressif — Compatissant — Courtois
Injurieux — Méprisant — Respectueux

b. Justifiez vos réponses en vous appuyant sur le niveau de langue, les pronoms et les figures de style qu'il emploie.

6 Selon vous, que dit Jean Valjean « à voix basse » à Fantine (p. 74) ? Inventez sa réplique dans un court paragraphe.

Extrait 2 Le début d'une nouvelle vie

(Partie 2, chap. 4 et 5, p. 89-102)

→ Comment la rencontre entre Jean Valjean et Cosette marque-t-elle un tournant dans le récit ?

1 **a.** LANGUE Dressez la liste des groupes nominaux employés par Mme Thénardier pour nommer Cosette.

	Groupes nominaux employés
p. 89-90, l. 1-8	....
p. 94, l. 110-130	....
p. 96, l. 172-177	....

b. Que constatez-vous ? À quoi est dû son changement de ton ?

2 Comment les Thénardier se comportent-ils d'abord avec Jean Valjean ? Pourquoi changent-ils ensuite d'attitude ?

3 À quelle date symbolique l'épisode du chapitre 4 a-t-il lieu ? Aidez-vous des chapitres précédents pour répondre.

4 Placez sur la frise les sentiments éprouvés par Cosette dans les chapitres 4 et 5 pour montrer leur évolution.

a. Bonheur **b.** Incompréhension **c.** Inquiétude **d.** Joie **e.** Peur **f.** Reconnaissance **g.** Surprise **h.** Tristesse

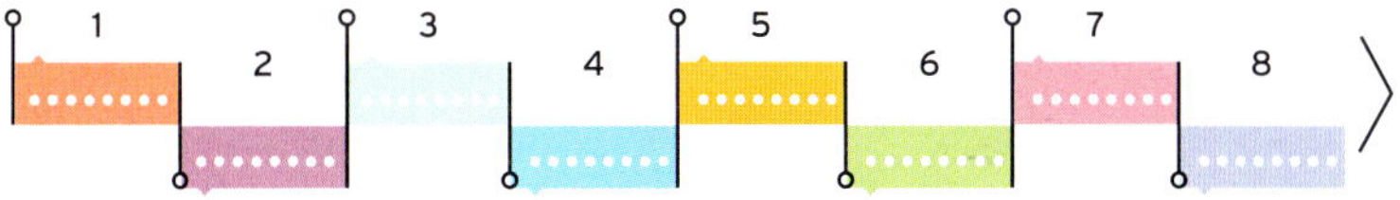

5 Quel est le champ lexical dominant dans le chapitre 5 ? Relevez les termes et expressions correspondants.

Coup de pouce Le **champ lexical** rassemble l'ensemble des mots qui portent sur un même thème.

Extrait 3 L'amour naissant

(Partie 3, chap. 3 à 6, p. 132-144)

→ De quelle manière assiste-t-on à l'éveil des sentiments ?

1 Comment Marius et ses amis surnomment-ils Cosette et Jean Valjean ? Pourquoi ?

....   ....

2 À travers le point de vue de quel personnage la rencontre entre Marius et Cosette est-elle racontée ? Quel est l'effet produit ?

3 **a.** Comparez les deux portraits de Cosette (p. 134 et 137-139) en complétant le tableau suivant. Vous vous appuierez notamment sur les adjectifs et les comparaisons qui caractérisent la jeune fille.

Premier portrait	Deuxième portrait
....	....

b. Quels changements sont ainsi mis en valeur ? Quels effets produisent-ils sur Marius ?

4 Au début du chapitre 5 (l. 1-7), quel rôle la nature joue-t-elle dans le premier échange de regards entre les deux jeunes gens ?

5 Dans les chapitres 3 à 6, relevez les commentaires du narrateur. Quel temps emploie-t-il majoritairement et pourquoi intervient-il ?

6 Parmi les adjectifs qualificatifs suivant, lesquels vous paraissent le mieux correspondre au comportement de Marius dans le chapitre 6 ?

Confiant — Hésitant — Maladroit — Prétentieux — Ridicule — Sûr de lui

Extrait 4 Des héros sur la barricade

(Partie 5, chap. 1 à 4, p. 218-230)

→ En quoi cet extrait révèle-t-il l'héroïsme des personnages ?

1. Relevez les métaphores employées pour désigner Gavroche dans le chapitre 1. Quelles caractéristiques du personnage mettent-elles en valeur ?

2. « Cette petite grande âme venait de s'envoler. » (p. 222, l. 80)

   Quelle est la figure de style employée ici ? En quoi fait-elle de Gavroche un héros ?

3. Étudiez l'inversion des rôles dans le chapitre 2.

Parcours 1 ★

Dans quelle mesure la situation évoquée au chapitre 2 propose-t-elle une inversion des rapports de force entre Jean Valjean et Javert ?

Parcours 2 ★★

Pourquoi l'attitude de Jean Valjean est-elle surprenante ? Quelle est la réaction de Javert ?

Parcours 3 ★★★

En quoi cet épisode montre-t-il que l'ancien forçat poursuit son chemin vers le Bien ?

4. Dans le chapitre 3, comment la violence de l'affrontement se traduit-elle ? Appuyez-vous sur les procédés d'amplification.

5. Quel acte héroïque Jean Valjean accomplit-il dans le chapitre 4 ?

Repère littéraire Les procédés employés, comme l'énumération, l'hyperbole ou la gradation, inscrivent cet extrait dans un **registre épique**. Celui-ci célèbre les prouesses des héros dans le but de susciter l'**effroi** et l'**admiration**.

Comprendre les enjeux du texte

Un roman historique

1 En vous aidant des « Repères » (p. 6-7) et des indications du récit, associez à chaque partie du roman le contexte politique qui lui correspond.

a. Règne de Louis XVIII b. Règne de Louis-Philippe c. Règne de Charles X

d. Insurrection parisienne contre Louis-Philippe

Partie du roman	I	II	III		IV	V
Période évoquée	1815-1823	Déc. 1823-1824	1824-1830	1830-1832	1832	Juin 1832 - 1833
Contexte politique	....	....	....	....	....	....

En savoir plus sur la bataille

2 La bataille de Waterloo est évoquée à plusieurs reprises dans le roman : de quel événement s'agit-il et quels personnages a-t-il concernés ?

3 Effectuez des recherches sur l'insurrection parisienne de 1832 : quels camps s'opposent lors de l'épisode de la barricade et pourquoi ?

Un parcours initiatique

4 Complétez la frise en indiquant les différentes identités empruntées par Jean Valjean et les étapes de sa vie auxquelles chacune correspond.

M. Leblanc M. Madeleine Jean Valjean Ultime Fauchelevent

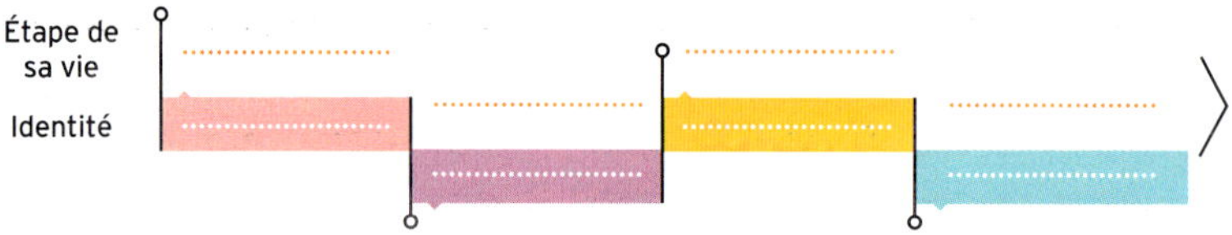

5 a. Obsédé par son désir de justice et de vengeance, Javert ne cesse de poursuivre Jean Valjean. Rappelez les différents moments où les chemins des deux personnages se croisent tout au long du roman (voir p. 288-289).

b. Selon vous, pourquoi Javert finit-il par se suicider ? À l'oral, en classe, formulez chacun plusieurs hypothèses.

6 Quelles bonnes actions Jean Valjean accomplit-il tout au long du roman ? Peut-on dire qu'il a honoré la promesse qu'il a faite à monseigneur Myriel ?

7 En quoi peut-on dire que sa rencontre avec Cosette a été déterminante dans son parcours de vie ? Comment comprenez-vous l'inscription qui figure sur sa pierre tombale ?

Une œuvre sociale et engagée

8 Victor Hugo propose une fresque sociale réaliste de la société du XIXe siècle. Dressez la liste des différentes catégories de population représentées.

9 Dans un paragraphe argumenté d'une dizaine de lignes, montrez comment Victor Hugo dénonce les conséquences de la misère sur les femmes et les enfants.

10 Que deviennent les membres de la famille Thénardier à la fin du roman ? Selon vous, que cherche à montrer l'auteur à travers leurs parcours ?

11 Victor Hugo, qui était député à l'Assemblée nationale, a dénoncé le système judiciaire injuste de son époque : en quoi l'histoire de Jean Valjean en fournit-elle un exemple ? Recherchez d'autres œuvres du même auteur sur ce thème.

Vocabulaire

1 Identifiez les figures de style présentes dans les phrases suivantes. Aidez-vous d'un dictionnaire si nécessaire.

- « Cette fleur sombre pleine de parfums et de poisons, qu'on appelle l'amour. » (p. 141, l. 21-22)
- « Pauvre vieux cœur tout neuf ! » (p. 99, l. 29)
- « Il avait l'œil petit et le regard grand. » (p. 133, l. 10-11)
- « Comme les chats et les passereaux, gaîment, [il] riait » (p. 128, l. 20-21)
- « Ces hommes hâves, déguenillés, épuisés, qui n'avaient pas mangé depuis vingt-quatre heures, qui n'avaient pas dormi » (p. 227, l. 26-28)
- « La barricade fut dix fois abordée, assaillie, escaladée, et jamais prise. » (p. 227, l. 33-34)

- Accumulation
- Antithèse
- Comparaison
- Gradation
- Métaphore
- Oxymore

2 Retrouvez ces mots du champ lexical de la misère dans la grille suivante.

Dénuement — Loques
Galetas — Masure
Haillons — Nécessité
Ignominie — Sordide

I	G	N	O	M	I	N	I	E	T
T	F	E	N	Y	U	Z	S	M	S
C	N	C	L	F	A	N	O	A	A
J	G	E	L	O	O	Y	S	S	T
N	A	S	M	L	Q	L	I	U	E
N	W	S	L	E	O	U	S	R	L
K	O	I	L	A	U	Y	E	E	A
A	A	T	J	L	O	N	D	S	G
H	W	E	D	X	K	J	E	Y	T
E	D	I	D	R	O	S	Q	D	V

Activités orales

3 Proposez une lecture expressive de la mort de Gavroche (partie V, chap. 1, p. 218-222).

- Entraînez-vous à lire plusieurs fois le passage.
- Soignez votre débit, articulez et travaillez la fluidité de votre lecture. Pensez à varier le ton pour rendre votre lecture dynamique et captivante.
- Pour vous améliorer, enregistrez votre lecture sur un dictaphone ou un logiciel de type Audacity®.
- Lisez le texte devant vos camarades.

4 Comme le faisait Victor Hugo, député à l'Assemblée nationale, préparez et prononcez un discours sur la condition des femmes et des enfants au XIXe siècle.

- Au brouillon, listez vos arguments en faveur d'un meilleur traitement des femmes et des enfants.
- Classez ces arguments du moins fort au plus fort et illustrez-les d'exemples.
- Soyez attentif(ve) à la façon dont vous allez commencer votre discours afin de retenir l'attention de votre auditoire.
- Réfléchissez au ton que vous allez employer et aux émotions que vous voulez transmettre.
- Prononcez votre discours de façon dynamique devant vos camarades.

Méthode Aidez-vous de votre connaissance de l'œuvre pour trouver des **exemples de situations** où les femmes et les enfants sont maltraités par la société de l'époque (condition des mères célibataires, travail des enfants...).

S'exprimer à l'oral et à l'écrit

5 Comme Javert, pensez-vous que l'homme ne peut pas changer, qu'un criminel est voué à toujours mal agir et est incapable de bonté ? Débattez-en avec vos camarades.

- Déterminez votre position sur la question.
- Préparez vos arguments et des exemples issus de l'œuvre.
- Réfléchissez aux procédés oratoires que vous allez employer pour convaincre votre auditoire (questions rhétoriques, emphase, etc.).
- Prenez part au débat, en veillant à ne pas interrompre vos adversaires et à rester courtois !

6 Imaginez le procès du couple Thénardier après leur arrestation par Javert (partie III, chap. 8) et mettez-le en scène.

Plan d'un tribunal

- Répartissez-vous les rôles : accusés (les Thénardier), témoins (par exemple, Marius, Éponine, Cosette, Javert, Gavroche), avocat de la défense, procureur de la République, juge, jurés.
- Selon votre rôle, préparez au brouillon vos arguments.
- Disposez la classe comme dans un tribunal.
- Jouez le procès en vous appuyant sur votre connaissance de l'œuvre et en faisant preuve de dynamisme et de conviction.

Coup de pouce Dans un procès, l'**avocat** défend l'accusé, le **procureur de la République** porte l'accusation et demande une peine conforme au crime ou au délit commis, des **témoins** sont appelés à la barre et le **jury** est chargé de déterminer si l'accusé est coupable ou non et de se prononcer sur la peine qu'il doit recevoir.

Activités écrites

7 Vous êtes journaliste et vous couvrez le procès de Champmathieu pour *Le Quotidien d'Arras*. Au lendemain de la dénonciation de Jean Valjean, vous écrivez l'article qui raconte ce rebondissement inattendu dans l'affaire.

- Dans un texte d'une vingtaine de lignes, racontez cet épisode à la façon d'un journal à sensation, en mettant l'accent sur les événements et les réactions de l'assistance.
- Proposez un titre accrocheur puis, à l'aide d'un logiciel de traitement de texte, mettez en page votre travail à la manière d'un article de journal.

8 Racontez la rencontre entre Marius et Cosette (partie III, chap. 3 à 6) du point de vue de Cosette.

- Relisez attentivement ce passage.
- Imaginez ce que voit et ressent Cosette lorsqu'elle se rend au jardin du Luxembourg.
- Réécrivez cet épisode en une trentaine de lignes, en veillant à employer le point de vue de la jeune fille.

Coup de pouce Le **point de vue interne à la 1re personne** permet de vivre les actions à travers le prisme d'un personnage (verbes de perception, vocabulaire des émotions…).

9 Avant de mourir, Jean Valjean écrit une lettre à Cosette. Inventez-la.

- Votre texte, d'une trentaine de lignes, respectera les codes de la lettre (date et lieu d'écriture, formules d'appel et de politesse, signature).
- Jean Valjean s'y exprimera à la première personne et évoquera son amour paternel pour la jeune fille, les circonstances de leur rencontre et les conseils qu'il lui transmet avant de la quitter.

Lecture d'images

Observez attentivement les illustrations des pages 86, 99, 135 et 250.

Cosette, un personnage au destin hors du commun

1. Observez les images proposées et décrivez-les : nature, composition, couleurs, attitude des personnages.
2. À quelles étapes de la vie de Cosette chacune de ces images renvoie-t-elle ? Associez à chacune le chapitre du roman qui lui correspond.
3. Comment ces images montrent-elles l'évolution de la relation entre Cosette et son père d'adoption ?

À vous de jouer !

Préparer un diaporama retraçant l'itinéraire de Cosette

Étape 1 Sélectionnez des représentations de Cosette dans cet ouvrage ou sur Internet. Elles peuvent être empruntées à différentes formes d'art.

Étape 2 Notez, pour chaque image, le titre de l'œuvre, sa nature, l'artiste et la date. Décrivez-les ensuite de manière précise et placez-les dans l'ordre chronologique des différentes étapes de la vie de Cosette.

Étape 3 À l'aide d'un logiciel adapté (PowerPoint®, PDF Creator®...), réalisez un diaporama reprenant l'ensemble des images et présentez-le à vos camarades. Votre intervention orale s'appuiera sur votre connaissance de l'œuvre.

Atelier cinéma

Les Misérables de Josée Dayan

Année de sortie : 2000
Images : couleurs
Genre : drame
Principaux interprètes : Christian Clavier, Gérard Depardieu, Charlotte Gainsbourg, Virginie Ledoyen, John Malkovich

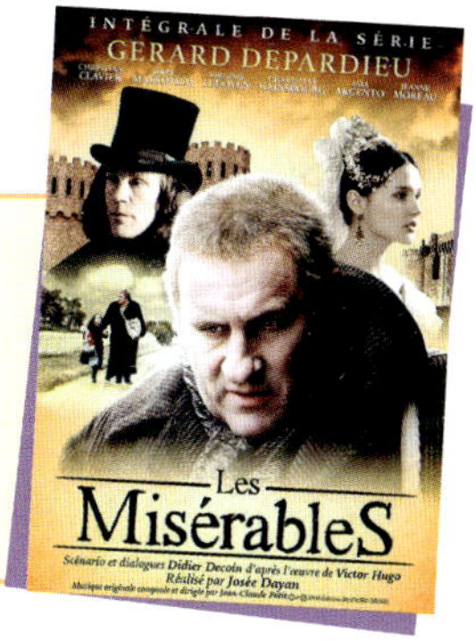

La réalisatrice

Josée Dayan est une **réalisatrice** et **scénariste** française née en 1943. Elle a réalisé de nombreux **téléfilms** et séries. Elle est connue pour ses **adaptations d'œuvres littéraires**, comme *Le Comte de Monte-Cristo* (1998), *Les Misérables* (2000) et *Les Liaisons dangereuses* (2003).

La mini-série

Visionnez la séquence

La mini-série *Les Misérables* compte **quatre épisodes** qui reprennent l'ensemble des passages clés de l'œuvre de Victor Hugo. Le casting est composé de Christian Clavier, Gérard Depardieu, Virginie Ledoyen, ou encore John Malkovich.

1. (De 0 à 3'05) Quelles caractéristiques de Jean Valjean et de monseigneur Myriel sont mises en avant dans les dialogues ?
2. (De 3'06 à 5'30) Comment le vol de l'argenterie est-il mis en scène (mouvements de caméra, lumière, son) ? Quel est l'effet produit sur le spectateur ?
3. (De 7'20 à 9'19) Observez les gros plans sur monseigneur Myriel : comment mettent-ils en avant la force de son message ?
4. (De 9'20 à 11'16) Comment cette scène montre-t-elle le changement qui s'opère ensuite chez l'ancien forçat ?

Retenir l'essentiel

Des personnages aux destins croisés

JEAN VALJEAN

Jean Valjean est le **personnage central** des *Misérables*. Condamné à cinq ans de **bagne** pour avoir volé un pain, sa peine est allongée à dix-neuf ans après plusieurs tentatives d'évasion et **il n'est libéré qu'à l'âge de quarante-six ans.** Sa **rencontre avec monseigneur Myriel** est déterminante : il s'engage à **devenir un homme bon**. Pour **échapper à Javert**, qui le traque tout au long du roman, il emprunte plusieurs **fausses identités** : il est d'abord **M. Madeleine**, directeur d'usine, puis maire de Montreuil-sur-Mer. À Paris, il se nomme **Ultime Fauchelevent** et est appelé « **M. Leblanc** », à cause de sa couleur de cheveux, par Marius. Tenu par sa promesse faite à Fantine mourante, **il sauve Cosette des Thénardier** et prend en charge son éducation. Son **amour paternel inconditionnel** motive l'ensemble de ses actions, jusqu'à son dernier souffle : à la fin du roman, il se laisse **mourir de chagrin** après le mariage de Cosette avec Marius et son éloignement.

MONSEIGNEUR MYRIEL

Bienvenu Myriel est l'**évêque de Digne.** C'est un homme reconnu par tous pour sa **grande bonté.** Il est le seul qui **accepte de loger Jean Valjean** à sa sortie du bagne et, après que ce dernier lui a volé son argenterie, il prétend lui en avoir fait don et le sauve d'un nouvel emprisonnement. Sa **bonté** marque le début du **changement de Jean Valjean**, qui aura à cœur d'honorer la promesse qu'il a faite à cet homme de foi de faire désormais le bien.

FANTINE

Née à Montreuil-sur-Mer, Fantine est une **belle jeune fille**. Partie chercher fortune à Paris, elle y rencontre **Félix Tholomyès**, un **étudiant qui l'abandonne** alors qu'elle est enceinte de Cosette. Sur la route qui la ramène à Montreuil, **elle confie Cosette aux Thénardier**, qui lui réclament une pension toujours plus importante. Chassée de l'usine de Montreuil, où son statut de mère célibataire a été découvert, **elle vend ses cheveux, ses dents, puis se prostitue** pour payer ses dettes. **Gravement malade**, elle meurt après avoir fait promettre à Jean Valjean de s'occuper de sa fille, qu'elle n'aura jamais revue.

COSETTE

De son vrai nom **Euphrasie**, Cosette est la **fille de Fantine**. **Confiée** par cette dernière **aux Thénardier** à ses trois ans, elle est soumise à de rudes travaux ménagers et **maltraitée** par les aubergistes. **Libérée par Jean Valjean** la veille de Noël, alors qu'elle a huit ans, une **nouvelle vie** commence pour elle : choyée par son père d'adoption, elle grandit enfin dans le **bonheur**, reçoit l'instruction des religieuses du couvent du Petit-Picpus et rencontre plus tard **Marius**, dont elle tombe amoureuse et qu'elle **épouse** à la fin du roman.

JAVERT

Gardien au bagne de Toulon où Jean Valjean purge sa peine, Javert retrouve l'ancien bagnard à Montreuil-sur-Mer, où il est devenu **inspecteur de police**. Il le **traque** tout au long du roman, de Montreuil à Paris, où les deux hommes se retrouvent sur la **barricade** pendant la révolte populaire. **Jean Valjean y sauve la vie de Javert**. L'inspecteur, qui n'accepte pas de devoir sa vie à l'homme qu'il traque depuis tant d'années, **décide alors de se suicider**.

LES THÉNARDIER

Le couple des Thénardier tient une **auberge à Montfermeil.** Ils ont **cinq enfants** dont deux filles, **Éponine et Azelma**. Le **père** est un **ancien combattant** qui, lors de la bataille de Waterloo, prétend avoir sauvé la vie du colonel Pontmercy alors qu'il tentait en fait de le détrousser. **Sans scrupule et cupides**, ils exercent sur Fantine un **chantage** en prétendant avoir besoin d'argent pour entretenir et soigner Cosette, qu'ils **exploitent** en fait en travaux ménagers et **battent** violemment. Après le départ de Cosette et la faillite de leur auberge, ils s'installent à Paris, dans la **masure Gorbeau**, sous le faux nom de **Jondrette**. Ils y vivent de complots et d'escroqueries. C'est ainsi qu'ils tendent un **guet-apens à Jean Valjean**, qu'ils pensent riche. À la fin du roman, Thénardier, dont la femme est morte, **révèle à Marius la véritable identité de Jean Valjean.** Le jeune homme lui donne de l'argent pour qu'il sorte de leur vie : Thénardier quitte la France et devient **trafiquant d'esclaves aux États-Unis.**

ÉPONINE

Éponine est l'**aînée des enfants Thénardier**, elle a le même âge que Cosette. Elle est peu mentionnée dans l'histoire jusqu'à l'arrivée des Thénardier à Paris. Elle y **tombe amoureuse de Marius**, son voisin de la masure Gorbeau, qu'elle aide à retrouver Cosette. Tiraillée entre sa **jalousie** et son **désir de plaire** au jeune homme, elle **meurt sur la barricade** de la rue de la Chanvrerie, après s'être interposée entre Marius et un soldat qui lui tirait dessus.

GAVROCHE

Gavroche est d'abord présenté comme un **enfant des rues**, débrouillard et insouciant, avant que le lecteur ne découvre qu'il est le **fils des Thénardier**. Sa **mère**, qui n'aime que ses filles, s'est **désintéressée** de son sort après avoir « vendu » ses deux frères. Il **meurt** peu de temps après Éponine **sur la barricade**, alors qu'il tentait de récupérer des munitions sur les cadavres des soldats et chantait une **célèbre chanson révolutionnaire**.

MARIUS

Marius est le **fils du colonel de l'armée napoléonienne Georges Pontmercy**, qui a épousé la fille d'un royaliste, **M. Gillenormand**. Ce dernier demande la **garde de Marius** à la mort de sa mère. Mais lorsque le jeune homme apprend que son défunt père était bonapartiste, il quitte le domicile familial et rejoint les jeunes **révolutionnaires de l'« ABC »**. Il vit dans la **misère** et loge dans la **masure Gorbeau**. Lors de promenades au **jardin du Luxembourg, il s'éprend de Cosette** et met tout en œuvre pour la retrouver. Blessé sur la barricade, il est **sauvé par Jean Valjean**. À la fin du roman, il se réconcilie avec son grand-père, qui accepte son **mariage** avec Cosette.

FAUCHELEVENT

Ultime Fauchelevent est un **paysan de Montreuil-sur-Mer** que Jean Valjean, alors maire, sauve lors d'un **accident de charrette**. Il le place ensuite au **couvent du Petit-Picpus** comme **jardinier** et les deux hommes s'y retrouvent quelques années plus tard, lorsque Jean Valjean s'y réfugie avec Cosette pour échapper à Javert. **Reconnaissant** envers son bienfaiteur, le vieil homme l'héberge jusqu'à sa mort, après laquelle **Jean Valjean emprunte son nom**.

La chronologie du récit

1822

- **Fantine**, renvoyée de l'usine de **M. Madeleine**, vend ses dents, ses cheveux, puis son corps.

1820

- **M. Madeleine** élu maire de Montreuil-sur-Mer.
- **Javert** nommé inspecteur de police à Montreuil-sur-Mer.
- Accident du père Fauchelevent, secouru par **M. Madeleine**.
- Naissance de **Gavroche**.

1823

- **Fantine** est arrêtée par **Javert** puis libérée par **M. Madeleine**.
- **M. Madeleine** promet à **Fantine** d'aller chercher **Cosette**.
- Arrestation de Champmathieu pris pour **Jean Valjean**, qui se dénonce.
- Mort de **Fantine**.
- Arrestation de **Jean Valjean** par **Javert**, fuite, puis nouvelle arrestation à Paris et condamnation au bagne à perpétuité.
- **Jean Valjean** s'évade du bagne et se fait passer pour mort noyé.
- **Jean Valjean** récupère **Cosette** chez les **Thénardier** et s'installe avec elle à Paris.

1824

- **Jean Valjean** et **Cosette** s'installent au couvent du Petit-Picpus pour échapper à **Javert**.

1795

- Condamnation de Jean Valjean à 5 ans de galères (portés à 19).

1796

- Arrivée de Jean Valjean au bagne de Toulon.
- Naissance de Fantine à Montreuil-sur-Mer.

1804

- Arrivée de Javert au bagne de Toulon en la qualité de surveillant.

1806

- Monseigneur Myriel nommé évêque de Digne.

1810

- Naissance de Marius.

1811

- Arrivée de Fantine à Paris.

1815

- Libération de Jean Valjean, arrivée à Digne, rencontre avec monseigneur Myriel, vol de l'argenterie, vol de la pièce de Petit Gervais.
- Décembre : installation de Jean Valjean à Montreuil-sur-Mer sous le nom de « M. Madeleine », qui devient directeur de l'usine, puis maire.
- Naissance de Cosette (fille de Fantine et Tholomyès).
- Bataille de Waterloo, Thénardier sauve le colonel Pontmercy, père de Marius.
- Mort de la mère de Marius, Marius élevé par M. Gillenormand, son grand-père.

1817

- Tholomyès abandonne Fantine.

1818

- Fantine retourne à Montreuil-sur-Mer.
- À Montfermeil, Fantine confie Cosette aux Thénardier.

1828

- Marius intègre un groupe de jeunes révolutionnaires et est chassé par son grand-père.

1829

- Mort du père Fauchelevent.
- Jean Valjean (sous le nom de Fauchelevent) s'installe avec Cosette rue de l'Ouest.

1831

- Rencontre entre Marius et Cosette.
- Jean Valjean et Cosette déménagent rue Plumet.

1832

- Les Thénardier tendent un guet-apens à Jean Valjean.
- Marius retrouve Cosette grâce à Éponine, puis demande à son grand-père la permission de l'épouser ; la demande est refusée.
- Soulèvement du peuple parisien, très appauvri : Marius, Gavroche, Éponine et Javert se rendent sur la barricade de la rue de la Chanvrerie, Gavroche et Éponine meurent.
- Jean Valjean épargne Javert et sauve Marius, blessé.
- Javert se suicide.

1833

- Mariage de Marius et Cosette.
- Aveux de Jean Valjean à Marius.
- Thénardier quitte Paris pour l'Amérique et devient négrier.
- Mort de Jean Valjean, entouré de Marius et Cosette.

Les Misérables, un roman aux nombreuses intrigues

L'action des *Misérables* s'étend **sur près de quarante ans**, de la première condamnation de Jean Valjean en 1795, à sa mort en 1833. S'il est le personnage principal du roman, **l'intrigue, d'une grande densité, met en scène plusieurs personnages dont les destins ne cessent de se croiser**, dans différents lieux et à différentes époques.

Les personnages principaux

Suivez, sur la frise chronologique, le parcours des personnages principaux grâce au code couleur ci-dessous.

Les autres personnages

- Champmathieu
- Mère de Marius
- Père de Marius
- M. Gillenormand
- Père Fauchelevent
- Monseigneur Myriel
- Tholomyès

Les lieux

L'itinéraire de Jean Valjean

Jouez à un es...

Jean Valjean parcourt la France au gré des péripéties du récit. Né dans la **Brie** (A), il devient émondeur à **Faverolles** (B), une petite ville située au sud-ouest de Paris.

Arrêté pour le vol d'un pain, il est envoyé en 1796 au bagne de **Toulon** (C) où il reste 19 ans. À sa libération, en 1815, il se rend à **Digne** (D), où il rencontre monseigneur Myriel.

Il s'installe à **Montreuil-sur-Mer** (E) dont il dirige l'usine puis devient le maire en 1820, sous l'identité de M. Madeleine.

Arrêté par Javert en 1823, après s'être dénoncé au procès de Champmathieu pour que l'homme ne soit pas condamné à sa place, il s'enfuit, mais la police le retrouve à **Paris** (F) et il est renvoyé au **bagne de Toulon** (C).

Il s'en évade, passe par **Montfermeil** (G) pour chercher Cosette chez les Thénardier, avant de remonter à **Paris** (F), où il passera le restant de sa vie.

Paris, lieu central de l'action

L'arrivée à Paris (Partie 2)

À leur arrivée à Paris, à Noël en 1823, Cosette et Jean Valjean s'installent à la **masure Gorbeau** 1, lieu fictif que Victor Hugo situe **boulevard de l'Hôpital.**

Du Petit-Picpus à la rue Plumet (Partie 3)

Pourchassés par Javert, ils trouvent refuge l'année suivante au **couvent du Petit-Picpus** 2, où le père Fauchelevent travaille comme jardinier. À la mort de ce dernier, en 1829, Jean Valjean prend son nom et s'installe avec Cosette **rue de l'Ouest** 3. Dans le même temps, Marius quitte le domicile de son grand-père M. Gillenormand, **rue des Filles-du-Calvaire** 4, s'installe à la **masure Gorbeau** 1 avec pour voisins les Thénardier, rebaptisés « Jondrette ». En 1831, Marius rencontre Cosette au **jardin du Luxembourg** 5 et la suit jusqu'à chez elle. Jean Valjean décide alors de déménager **rue Plumet** 6.

La barricade (Partie 4)

Le 5 juin 1832, lors du soulèvement populaire, Éponine et Gavroche trouvent la mort sur la **barricade de la rue de la Chanvrerie** 7.

Mariage et enterrement (Partie 5)

Jean Valjean y sauve Marius blessé en passant par les égouts. Mariés en 1833, Marius et Cosette vivent au domicile de M. Gillenormand 4 tandis que Jean Valjean réside **rue de l'Homme-Armé** 8, où il se laisse mourir de chagrin. Il est enterré au **cimetière du Père Lachaise** 9.

Un roman pour dénoncer

1 Une fresque sociale engagée

a. Le réalisme historique

L'action du roman se situe **entre la fin du Premier Empire et la Restauration** et évoque l'**insurrection parisienne de 1832**. L'épisode de la **barricade** constitue un véritable **carrefour des destins**, puisque s'y retrouvent Éponine, Marius, Gavroche, Javert, Jean Valjean, puis Thénardier.

b. L'engagement politique

Le **rejet de la monarchie** par Victor Hugo et son **engagement en faveur de la république** sont visibles notamment à travers le **portrait peu élogieux du grand-père royaliste de Marius** et dans la narration épique du **combat des insurgés républicains.**

c. Dénoncer la misère et l'injustice

Pour Victor Hugo, **la révolution industrielle accroît la misère sociale. Fantine**, mère célibataire, perd son emploi et finit par se prostituer. **Cosette** est victime des mauvais traitements des Thénardier, qui rejettent aussi **Gavroche**, gamin des rues livré à lui-même dans Paris. Les Thénardier illustrent la **monstruosité d'un peuple** inculte, malfaisant, vivant d'escroqueries. Pour autant, Victor Hugo ne livre pas un tableau uniquement noir de la misère sociale : en valorisant le **parcours de Cosette**, l'**héroïsme de Gavroche** et l'**élévation de Jean Valjean**, il montre qu'être pauvre ne condamne pas nécessairement à la déchéance.

→ Activité 3, p. 295

2 Le parcours de Jean Valjean, un parcours initiatique

a. De bagnard à honnête homme

Libéré après dix-neuf ans de **bagne**, Jean Valjean est rejeté par tous à cause de son **passé**. Après la rencontre avec monseigneur Myriel, il **décide de devenir un homme honnête et bon**. Comme promis à Fantine, il arrache Cosette des griffes des Thénardier et l'élève **comme sa propre fille**.

b. Dilemmes et conflits intérieurs

Jean Valjean doit **changer** plusieurs fois **d'identité**. Il est d'abord **M. Madeleine**, maire de Montreuil-sur-Mer, mais il se dénonce pour sauver Champmathieu. À Paris, il devient **Ultime Fauchelevent**. À la fin du roman, il **révèle** à Marius son **passé d'ancien bagnard**, au risque de perdre Cosette. À chaque dilemme qui se pose à lui, il privilégie le **bien des autres**.

→ Activité 1, p. 294

3 La dimension symbolique de l'œuvre

a. Le rôle de la religion

Monseigneur Myriel, présenté comme un **saint**, montre le **chemin du Bien** à Jean Valjean et « rachète » son âme. Progressivement, le personnage du bagnard s'élève au même rang : par ses **sacrifices** pour les autres, son **refus de tuer** Javert et son **renoncement au bonheur** en laissant Cosette épouser Marius, il se **transforme et s'élève**.

b. Le combat entre le Bien et le Mal

Le **manichéisme** (conception considérant le Bien et le Mal comme deux forces égales et opposées) marque tout le roman. Les personnages peuvent être classés en **deux camps** : les bons et les mauvais. Le **dilemme final** et le **suicide de Javert** nuancent toutefois cette opposition.

→ Activité 2, p. 294

Bilan

À vous de jouer !

Activité 1 **Replacez les étapes de la vie de Jean Valjean sur la frise ci-dessous.** (0,5 point par bonne réponse)

a. Vol de la pièce de Petit-Gervais
b. Rencontre avec monseigneur Myriel et vol de l'argenterie
c. M. Madeleine sauve le père Fauchelevent.
d. Vol d'un pain et condamnation à cinq, puis dix-neuf ans de bagne
e. Arrêt à Montfermeil pour récupérer Cosette
f. Évasion du bagne de Toulon après avoir été arrêté à Paris
g. Mort entouré de Cosette et Marius
h. Autodénonciation au procès de Champmathieu
i. Déménagement dans Paris sous le nom de Fauchelevent
j. Guet-apens des Thénardier dans la masure Gorbeau
k. Promesse faite à Fantine de sauver Cosette
l. Sauvetage de Marius sur la barricade
m. Installation au couvent du Petit-Picpus
n. Javert épargné sur la barricade

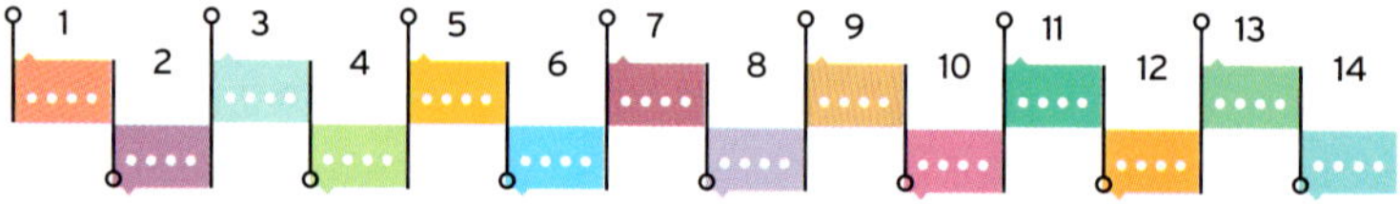

Activité 2 **Le roman repose sur une lecture religieuse et symbolique du monde. Classez les personnages suivants dans le tableau selon qu'ils œuvrent pour le Bien ou incarnent le Mal.**

Cosette • Fauchelevent • Gavroche • Javert • Jean Valjean • Marius • M. Myriel • Les Thénardier

Bien	Mal

À vous de jouer !

Activité 3 **Attribuez les citations suivantes aux personnages qui les prononcent.**

a. « Allons ! dit-elle, vendons le reste. » (p. 65) •

b. « Gredin de pays où les galériens sont magistrats et où les filles publiques sont soignées comme des comtesses ! » (p. 72) •

c. « Qu'est-ce que c'est que ce vieux ? est-ce un pauvre ? est-ce un millionnaire ? C'est peut-être les deux, c'est-à-dire un voleur. » (p. 96) •

d. « Les petits sont donc bons à quelque chose ! c'est bien heureux ! J'y vas. En attendant fiez-vous aux petits, méfiez-vous des grands… » (p. 197) •

e. « Oui, cet homme-là, quel qu'il soit, a été sublime » (p. 249) •

• Fantine

• Gavroche

• Javert

• Mme Thénardier

• Marius

3. a. Fantine • b. Javert • c. Mme Thénardier • d. Gavroche • e. Marius.

Évaluez-vous !

Comptez 1 point par bonne réponse et gravissez les marches du podium. Jusqu'où irez-vous ?

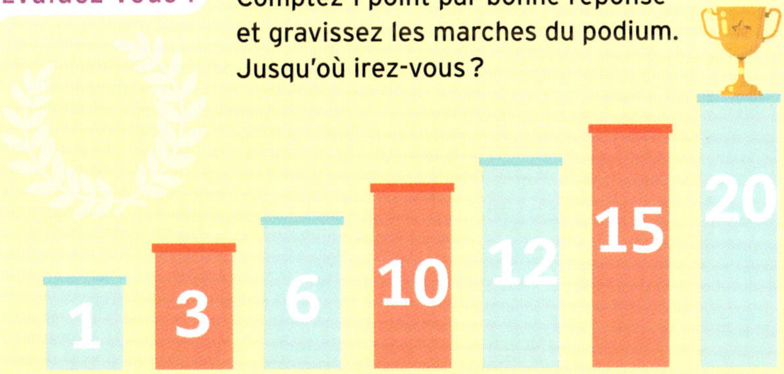

Prolonger la lecture

Dénoncer la misère sociale

Un roman sur la misère sociale au XIXe siècle

Émile Zola, *L'Assommoir*

Cet extrait du roman d'Émile Zola (1840-1902), publié en feuilleton dans le journal Le Bien public, *raconte la déchéance progressive de Gervaise Macquart et de son mari, Coupeau.*

Le premier hiver, ils firent encore du feu quelquefois, se pelotonnant[1] autour du poêle[2], aimant mieux avoir chaud que de manger; le second hiver, le poêle ne se dérouilla seulement pas, il glaçait la pièce de sa mine lugubre de borne de fonte[3]. Et ce qui leur cassait les jambes, ce qui les exterminait, c'était par-dessus tout de payer leur terme[4]. Oh! le terme de janvier, quand il n'y avait pas un radis[5] à la maison et que le père Boche présentait la quittance[6]! Ça soufflait davantage de froid, une tempête du Nord. M. Marescot arrivait, le samedi suivant, couvert d'un bon paletot[7], ses grandes pattes fourrées dans des gants de laine; et il avait toujours le mot d'expulsion à la bouche, pendant que la neige tombait dehors, comme si elle leur préparait un lit sur le trottoir, avec des draps blancs. Pour payer le terme, ils auraient vendu de leur chair. C'était le terme qui vidait le buffet et le poêle. Dans la maison entière, d'ailleurs, une lamentation montait. On pleurait à tous les étages, une musique de malheur ronflant le long de l'escalier et des corridors. Si chacun avait eu un mort chez lui, ça n'aurait pas produit un air d'orgues aussi abominable. Un vrai jour du jugement dernier, la fin des fins, la vie impossible, l'écrasement du pauvre monde.

Émile Zola, *L'Assommoir* [1876], Gallimard, « Folio Classique », 1999.

1. **Se pelotonnant :** se repliant sur eux-mêmes, se mettant en boule.
2. **Poêle :** appareil de chauffage en métal.
3. **Borne de fonte :** poteau en métal qui délimite la chaussée et le trottoir.
4. **Terme :** loyer.
5. **Radis :** ici, argent (familier).
6. **Quittance :** document écrit qui indique le montant du loyer à payer.
7. **Paletot :** manteau long.

Un poème engagé contre une société inégalitaire

Jacques Prévert, « La Grasse Matinée »

Dans ce poème, Jacques Prévert (1900-1977) dénonce l'injustice sociale : après la Grande Dépression des années 1930, et malgré les mouvements de grève de 1936, la société capitaliste laisse mourir de faim les gens qui n'ont pas de travail.

Il est terrible
le petit bruit de l'œuf dur cassé sur un comptoir d'étain[1]
il est terrible ce bruit
quand il remue dans la mémoire de l'homme qui a faim
elle est terrible aussi la tête de l'homme
la tête de l'homme qui a faim
quand il se regarde à six heures du matin
dans la glace du grand magasin
une tête couleur de poussière
ce n'est pas sa tête pourtant qu'il regarde
dans la vitrine de chez Potin[2]
il s'en fout de sa tête l'homme
il n'y pense pas
il songe
il imagine une autre tête
une tête de veau par exemple
avec une sauce de vinaigre
ou une tête de n'importe quoi qui se mange
et il remue doucement la mâchoire
doucement
et il grince des dents doucement
car le monde se paye sa tête
et il ne peut rien contre ce monde
et il compte sur ses doigts un deux trois
un deux trois
cela fait trois jours qu'il n'a pas mangé

1. **Étain :** métal.
2. **Potin :** grand magasin parisien.

et il a beau se répéter depuis trois jours
Ça ne peut pas durer
ça dure
trois jours
trois nuits
sans manger
et derrière ces vitres
ces pâtés ces bouteilles ces conserves
poissons morts protégés par les boîtes
boîtes protégées par les vitres
vitres protégées par les flics
flics protégés par la crainte
que de barricades pour six malheureuses sardines...
Un peu plus loin le bistrot[1]
café-crème et croissants chauds
l'homme titube[2]
et dans l'intérieur de sa tête
un brouillard de mots
un brouillard de mots
sardines à manger
œuf dur café-crème
café arrosé rhum
café-crème
café-crème
café-crime arrosé sang !...
Un homme très estimé[3] dans son quartier
a été égorgé en plein jour
l'assassin le vagabond lui a volé
deux francs
soit un café arrosé
zéro franc soixante-dix
deux tartines beurrées

1. **Bistrot :** petit café ou restaurant populaire.
2. **Titube :** marche en perdant l'équilibre.
3. **Estimé :** respecté.

et vingt-cinq centimes pour le pourboire du garçon.
Il est terrible
le petit bruit de l'œuf dur cassé sur un comptoir d'étain
il est terrible ce bruit
quand il remue dans la mémoire de l'homme qui a faim.

Jacques Prévert, « La Grasse Matinée », *Paroles* [1946], Gallimard, 1949, © Éditions Gallimard.

Un roman pour dénoncer la condition des sans-abri

Delphine de Vigan, *No et moi*

Dans ce roman pour la jeunesse, Delphine de Vigan (née en 1966) raconte l'histoire de Lou, une élève surdouée qui a du mal à s'intégrer dans sa classe. Lou fait un jour la rencontre de No, une jeune SDF de dix-huit ans, qu'elle interroge dans le cadre d'un exposé sur les sans-abri.

Je ne pouvais pas rester, mon père m'attendait, je ne savais pas comment lui dire au revoir, s'il fallait dire madame ou mademoiselle, ou si je devais l'appeler No puisque je connaissais son prénom[1]. J'ai résolu le problème en lançant un au revoir tout court, je me suis dit qu'elle n'était pas du genre à se formaliser sur la bonne éducation et tous ces trucs de la vie en société qu'on doit respecter. Je me suis retournée pour lui faire un petit signe de la main, elle est restée là, à me regarder partir, ça m'a fait de la peine parce qu'il suffisait de voir son regard, comme il était vide, pour savoir qu'elle n'avait personne pour l'attendre, pas de maison, pas d'ordinateur, et peut-être nulle part où aller.

Le soir au dîner j'ai demandé à ma mère comment de très jeunes filles pouvaient être dans la rue, elle a soupiré et elle a répondu que la vie était ainsi : injuste. Pour une fois je me suis contentée de ça, alors que les premières réponses sont souvent des esquives[2], il y a longtemps que je le sais.

1. « No » est le diminutif de Nolwenn.
2. **Esquives :** stratégies d'évitement.

J'ai revu la pâleur de son teint, ses yeux agrandis par la maigreur, la couleur de ses cheveux, son écharpe rose, sous l'empilement de ses trois blousons j'ai imaginé un secret, un secret planté dans son cœur comme une épine, un secret qu'elle n'avait jamais dit à personne. J'ai eu envie d'être près d'elle. Avec elle. Dans mon lit j'ai regretté de ne pas lui avoir demandé son âge, ça me tracassait. Elle avait l'air si jeune.

En même temps il m'avait semblé qu'elle connaissait vraiment la vie, ou plutôt qu'elle connaissait de la vie quelque chose qui faisait peur.

Delphine de Vigan, *No et moi*, © Éditions J. C. Lattès, 2007.

Vous aimerez aussi…

Livres

Victor Hugo, *Le Dernier jour d'un condamné*, 1828

Belin-Gallimard, « Classico », 2021

Ce journal intime d'un condamné à mort fictif, qui évoque ses angoisses avant d'être guillotiné, permet à Victor Hugo de dénoncer la peine capitale.

Victor Hugo, *Claude Gueux*, 1834

Belin-Gallimard, « Classico », 2017

Ce court roman, inspiré de faits réels, retrace le parcours d'un homme victime d'un système judiciaire et d'une société injustes, qui poussent à la criminalité.

Bande dessinée

Maxe L'Hermenier, Looky, Siamh, Claudia Parada, *Les Misérables*

Éditions Jungle, 2019

Cette bande dessinée propose une adaptation fidèle en plusieurs tomes du roman de Victor Hugo.

Films

Robert Hossein, *Les Misérables*, 1982

Une adaptation fidèle du roman de Victor Hugo, avec Lino Ventura dans le rôle de Jean Valjean et Michel Bouquet dans celui de Javert.

Claude Lelouch, *Les Misérables*, 1995

Le réalisateur transpose le roman de Victor Hugo à l'époque de la Seconde Guerre mondiale et offre une interprétation personnelle et originale du parcours de Jean Valjean.

Les Misérables, Tom Hooper, 2012

Une adaptation de la célèbre comédie musicale jouée à Broadway depuis 1985.

Documentaire

L'histoire au quotidien, « Le XIXe siècle » www.youtube.com/watch?v=LRx8uG5Koqc

Un panorama du siècle des Misérables, de la vie dans les campagnes à la révolution industrielle, en passant par les grands événements politiques.

Dans la même collection

Textes adaptés

Ali Baba
Le Roman de Renart
Les Chevaliers du roi Arthur
Merlin l'Enchanteur
Sindbâd le marin, Histoire du pêcheur

Anthologies

3 nouvelles engagées
3 nouvelles de science-fiction
4 nouvelles de fantômes
4 histoires de sorcières
4 nouvelles de vampires
30 poèmes engagés
30 poèmes pour célébrer le monde
30 poèmes pour dire l'amour
Créations du monde
Fascinants dragons
Le Chevalier dans tous ses états
Loup, qui es-tu ?
Ogres, sorcières et Cie
Témoignages de la Grande Guerre

Bandes dessinées

Victor Hugo
Les Misérables (Fantine et Cosette) (Maxe L'Hermenier, Looky, Diego L. Parada)
Sid Jacobson et Ernie Colón
La Vie d'Anne Frank
Jean-Claude Mourlevat
L'Enfant océan (Maxe L'Hermenier, Stedho)
La Rivière à l'envers (Maxe L'Hermenier, Diego L. Parada, Djet)
George Orwell
La Ferme des animaux (Maxe L'Hermenier, Diego L. Parada, Thomas Labourot)

Ouvrages par auteur

Hans Christian Andersen
La Petite Sirène
Marie-Catherine d'Aulnoy
La Belle aux cheveux d'or
Dino Buzzati
Les Souris et autres nouvelles
Alexandrine Civard-Racinais
Le Voyage de Jeanne Barret
Les Robinsons de l'île Tromelin
Pierre Corneille
Le Cid
Marceline Desbordes-Valmore
30 poèmes
Charles Dickens
Oliver Twist
Alexandre Dumas
Le Comte de Monte-Cristo
Les Trois Mousquetaires
Claire de Duras
Ourika
Paul Eluard
30 poèmes
Jean-Claude Grumberg
La plus précieuse des marchandises
Homère
L'Odyssée
Victor Hugo
Les Misérables
Jean de La Fontaine
30 fables
Maurice Leblanc
Le Collier de la reine
L'Évasion d'Arsène Lupin
Mme Leprince de Beaumont
La Belle et la Bête
Gaston Leroux
Le Mystère de la chambre jaune
Jack London
L'Appel de la forêt
Marivaux
L'Île des esclaves
Guy de Maupassant
La Parure et autres nouvelles sur les apparences
Le Horla
Molière
L'Avare
Le Bourgeois gentilhomme
Le Médecin malgré lui
Les Fourberies de Scapin
Les Précieuses ridicules
Ovide
15 métamorphoses
Marco Polo
Le Livre des Merveilles
Edmond Rostand
Cyrano de Bergerac
George Sand
La Mare au Diable
William Shakespeare
Roméo et Juliette
Robert Louis Stevenson
L'Étrange Cas du Dr Jekyll et de Mr Hyde
Mark Twain
Les Aventures de Tom Sawyer
Jules Verne
L'Île mystérieuse
Vingt Mille Lieues sous les mers
Émile Zola
Au Bonheur des Dames

Crédits iconographiques

Couverture : illustration d'après CCO Paris Musées/Maisons de Victor Hugo Paris-Guernesey ; **p. 7** : Photo © RMN-Grand Palais (musée du Louvre)/Hervé Lewandowski ; **p. 8** : CCO Paris Musées/Maisons de Victor Hugo Paris-Guernesey ; **p. 10** : © Éditions Jungle ; **p. 13, 49** : Bridgeman Images/Stefano Bianchetti ; **p. 16** : Collection ChristopheL/© Universal Pictures ; **p. 19** : AKG-Images/Album/Kurwenal/Prisma ; **p. 21** : Bridgeman Images ; **p. 33** : CCO Paris Musées/Maisons de Victor Hugo Paris-Guernesey ; **p. 39** : Collection ChristopheL/© Tristar ; **p. 42** : Bridgeman Images/FineArt ; **p. 45** : Collection ChristopheL/© Robert Viglasky-BBC Studios-PBS Masterpiece-Lookout Point Ltd ; **p. 52** : Bridgeman Images/Lebrecht Authors/DR ; **p. 63** : Aurimages/Mary Evans/AF Archive/© Universal Pictures ; **p. 76** : Collection ChristopheL/© Universal Pictures ; **p. 79** : CCO Paris Musées/Maisons de Victor Hugo Paris-Guernesey ; **p. 83** : CCO Paris Musées/Maisons de Victor Hugo Paris-Guernesey ; **p. 86, 267** : CCO Paris Musées/Maisons de Victor Hugo Paris-Guernesey ; **p. 97** : Aurimages/Mary Evans/© GEF/Modern media Filmproduktion/SFP/DR ; **p. 99** : © Éditions Jungle ; **p. 109** : Collection ChristopheL/© GEF/Modern media Filmproduktion/SFP/DR ; **p. 113** : Collection ChristopheL/© Universal Pictures ; **p. 119** : CCO Paris Musées/Maisons de Victor Hugo Paris-Guernesey ; **p. 124** : AKG-Images ; **p. 127** : Kharbine-Tapabor ; **p. 135** : Collection ChristopheL/© Universal Pictures ; **p. 138** : Bridgeman Images/Lebrecht Authors/DR ; **p. 147** : Bridgeman Images/© The Holbarn Archive ; **p. 157** : Aurimages/CCI/Collection Dagli Orti/DR ; **p. 163** : Bridgeman Images/Lebrecht Authors/DR ; **p. 170** : La Collection/Artothek/© Kunstpalast Düsseldorf ; **p. 173** : Aurimages/Courtesy Everett Collection/© Universal Pictures ; **p. 185** : La Collection/Artothek/© Kunsthalle Bremen ; **p. 189** : Photo © RMN-Grand Palais (PBA, Lille)/Hervé Lewandowski ; **p. 207** : Aurimages/Mary Evans/AF Archive/© Universal Pictures ; **p. 216** : Collection ChristopheL/© Robert Viglasky-BBC Studios-PBS Masterpiece-Lookout Point Ltd ; **p. 219, 283** : CCO Paris Musées/Maisons de Victor Hugo Paris-Guernesey ; **p. 232** : Bridgeman Images/Lebrecht Authors ; **p. 239** : Getty Images/Sygma/Fabian Cevallos ; **p. 244** : MaxPPP/EPA/Andy Rain ; **p. 250** : Prod DB/© TF1, GMT Productions, Taurus-Fox Family-DD-Mediaset/DR ; **p. 261** : Bridgeman Images/Stefano Bianchetti ; **p. 265** : AKG-Images/© Pechstein Hamburg/Toekendorf/Adagp, Paris, 2023 ; **p. 281** : Aurimages/BBQ_DFY/© TF1, GMT Productions, Taurus-Fox Family-DD-Mediaset/DR ; **p. 297** : Photo © RMN-Grand Palais/Philipp Bernard ; **p. 303** : (hg et mg) © Humensis/Belin Éducation ; (bg) © Éditions Jungle ; (d) Aurimages/courtesy Everett Collection/© Universal Pictures.

Création couverture : SAJE.
Maquette intérieure et direction artistique : Studio graphique Humensis/Audrey Hette.
Mise en pages : Ariane Aubert.
Illustrations (p. 272, 284 à 289) : Emmanuelle Pioli.
Cartes et frise : Laurent Blondel.
Iconographie : Geoffroy Mauzé.
Responsable éditoriale : Audrey Gérard.
Suivi éditorial : Mirna Bousser/Charlotte Botella.
Chargée d'édition multimédia : France Courbier.
Prépresse : Arthur Caillard.
Fabrication : Stéphanie Ho.

Imprimé en Italie par Elcograf
Dépôt légal : mai 2023 - N° d'édition : 03582685-04/oct2024
ISBN 979-10-358-2685-7